LAURA RITT-MASSERA
ELEONORE TRUXA

DETTO FATTO

Italienisch 3

www.vns.at
Zusatzmaterial
kostenlos

Zu diesem Lehrbuch gibt es ein **Arbeitsbuch** mit der **Schulbuchnummer 130128**.

verlag
neues schulbuch

Europäischer Referenzrahmen B1+
www.vns.at

Bildquellen
11 (2.) TVarcobaleno, marzo 2005; 20 (6., 11.) P. Sparke: Italienisches Design, Westermann Braunschweig 1989; 22 (3.): Repubblica, marzo 2004; 23 (1.-12.) Consorzio del formaggio Parmigiano Reggiano; 23 (13.) Donna moderna, aprile 1998; 24 (7.) Rai educational, puntata 13; 26 Specchio, settembre 2001; 28 (1.) Espresso, febbraio 2006; 29 (1.) Domenica di Repubblica, marzo 2006; 36 Italiadonna, maggio 2006; 37 (2) Panorama, marzo 2006; 51 Fototeca ENIT; 59 (2.) Domino Italia, catalogo vendita; 72 (2.) Italia Donna, marzo 2006; 73 (1.) archivio fotografico del Comune di Empoli 73 (2.) Parlamento Europeo; 73 (3.) Paris Match, Juli 2006; 86 (1.) il sole 24 ore, ottobre 2005; 88 (1.-3.) Legambiente; 91 (1.) Caritas; 92 (1.) NASA, archivi pubblici; 102 Della Casa: Il cinema attraversa l'Italia; 2005 Cinecittà Holding, Mondatori Electa MI; 103 (1.-6.) Della Casa: Il cinema attraversa l'Italia; 2005 Cinecittà Holding, Mondatori Electa MI; 107 (1.) Repubblica, 5 luglio 2002; 108 RAI, aprile 2003; 111 RAI; 113 (1.) F. Pierangeli & P. Barbaro: Pier Paolo Pasolini, Gribaudo, Torino 1995; 113 (2.) Diario di Repubblica, ottobre 2005; 114 Fototeca ENIT; 115 (1.) IO Donna, Corriere della sera, dicembre 2005; 116 (1.) Repubblica, dicembre 2004; 117 (10.) Non solo cinema, settembre 2005; 117 (11.) Accademia del cinema italiano; 117 (12.) Repubblica, marzo 1999 (Reuters); 118 F. De Bernardis: Nanni Moretti, il castoro cinema, Milano 2002; 120 (2.-3.) Segnocinema; 121 (1.) Cinemaparadiso (nl) ottobre 2004; 121 (2.) Repubblica, dicembre 2004; 130 Repubblica, novembre 2004; 133 F.Cavallaro: Mafia – Album di Cosa Nostra, Rizzoli 1992; 134 Repubblica, dicembre 2004; 135 (1.) Repubblica, maggio 2002; 138 (1.) Repubblica; 138 (2.) Repubblica, aprile 2006; 138 (3.) Repubblica, aprile 2006; 142 (2.) Fototeca ENIT; 143 (2.) Melanie Thiemer; 147 (1.) in Peccatori & Zuffi: Caravaggio, Elemond Editori Associati, Milano 1998; 147 (2.) KHM Wien, Führer durch die Sammlungen, Brandstätter, Wien 1988; 149 (1.) Cole: Renaissance von Mailand bis Neapel, Art in Context, 1995; 151, 152, 155 KHM Wien, Führer durch die Sammlungen, Wien 1988; 159 Repubblica, aprile 2006; 165 Domenica, marzo 2005
Alle übrigen Bilder: VNS, wikipedia/wikimedia/public domain
In Fällen freier Werknutzung: Bildrechte: ©VBK/Wien 2007

Mit Bescheid des Bundesministeriums für Bildung, Wissenschaft und Kultur GZ 5.054/0002-V/9/2006 gemäß den derzeit geltenden Lehrplänen als für den Unterrichtsgebrauch an **Höheren Lehranstalten für wirtschaftliche Berufe** für den III. bis V. Jahrgang im Unterrichtsgegenstand Italienisch (2. lebende Fremdsprache) und an **Höheren Lehranstalten für Tourismus** für den III. bis V. Jahrgang im Unterrichtsgegenstand Italienisch (2. lebende Fremdsprache) und gemäß den Lehrplänen 2004 an **allgemein bildenden höheren Schulen** für die 7. und 8. Klasse im Unterrichtsgegenstand Italienisch (2. lebende Fremdsprache) und für die 7. und 8. Klasse im Unterrichtsgegenstand Italienisch (Wahlpflichtgegenstand – Kurzkurs) und an **Handelsakademien** für den III. bis V. Jahrgang im Unterrichtsgegenstand Italienisch einschließlich Wirtschaftssprache (2. lebende Fremdsprache) geeignet erklärt.

Schulbuchnummer: 130127 (Lehrbuch), 130145 (Lehrbuch + CD)

NEUE RECHTSCHREIBUNG

Hörübung

Kopierverbot

Zum Lehrbuch Detto fatto 3 ist eine Audio-CD (SBNr. 130174) erschienen,
die Sie entweder bei unserem Lehrer/innenservice
Spittelauer Lände 13/6, 1090 Wien
Tel.: 01-504 26 72-13
Mail: office@vns.at
oder in Ihrer Buchhandlung beziehen können.

Lehrer/innenservice: office@vns.at
www.vns.at

ISBN 978-3-85338-241-7 (Lehrbuch)
ISBN 978-3-85338-243-1 (Lehrbuch + CD)

Umschlaggestaltung: Tatjana Philipp
Grafik-Design und Satz: Peter Furian, www.furian.at
Fachlektorat: Katia Carraro
Druck: Salzburger Druckerei und Verlag

Inhaltsverzeichnis

amare la musica

1 Trova qualcuno che ...

ha un'enorme collezione di CD	
suona più di uno strumento musicale	
sa canterellare delle arie di opere liriche	
non sa cosa sia un jukebox	
ama moltissimo i musical e ne ha già visti almeno tre	
non ascolta mai musica	
va matto per il jazz e lo preferisce a ogni altro tipo di musica	
s'intende di tecnica e sa aggiustare un impianto stereo	
adora e pratica il karaoke	
ha già partecipato a un concorso	
si è già esibito in pubblico	
non trova che l'italiano sia una lingua "musicale"	
che vuole sempre sapere a memoria le canzoni che ama	

2

A C'è la musica …

classica etnica e folcloristica funk gospel metal leggera	jazz punk rock reggae soul e blues new age tecno	

Chi ascolta cosa?
Crea una tipologia di amanti di vari tipi di musica.
Prendi in considerazione.

- ➔ l'età
- ➔ il sesso
- ➔ il lavoro che fanno
- ➔ la regione d'origine
- ➔ dove vivono adesso
- ➔ la loro situazione familiare
- ➔ gli interessi che hanno
- ➔ la formazione culturale

B Discutete.

In Austria, chi ascolta: Radio, Ö1, Ö3, FM4, Radio Stephansdom, Radio Burgenland?
A chi piacciono: Kastelruther Spatzen, Reinhard Fendrich, Christina Stürmer, Maria Bill?

Come descrivereste la scena musicale austriaca?

C Fate un gioco di ruolo a tre.

Volete uscire e preferibilmente ascoltare della musica.
È un po' complicato, ma dopo una lunga discussione, vi mettete d'accordo.

argomenti ➔ *gusti! soldi! orario! altri impegni! genitori! amici gelosi! scuola!*

1 D Dialogo al telefono

Fai finta di essere la ragazza/il ragazzo al telefono del centro informazioni. Ascolta le domande che ti vengono rivolte e rispondi. Trovi le informazioni necessarie qui sotto.

riduzioni per turisti: no
durata 3 ore
senza interruzione
biglietti da 10 a 45
inizio 21.30
niente prenotazioni
entrata dalle 20.30 in poi
bibite e piccoli rinfreschi

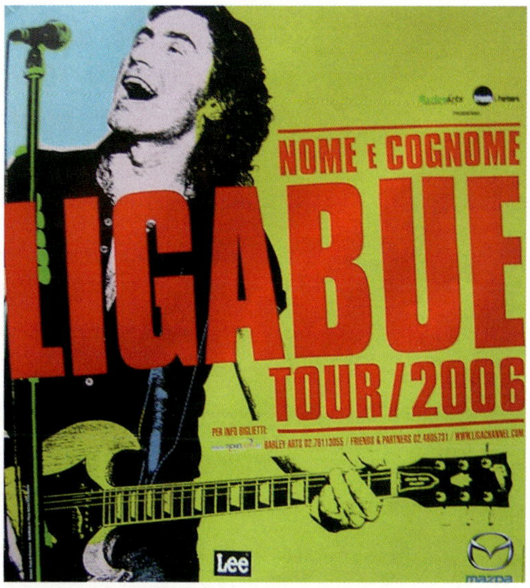

3 A

Carmen Consoli: L'ultimo bacio

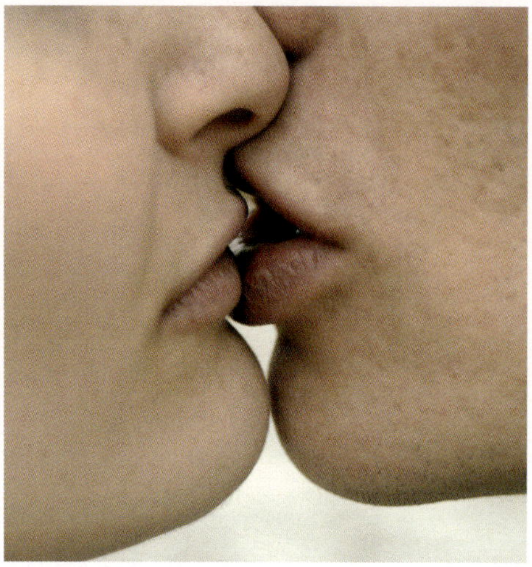

Dopo il primo ascolto:

→ Commentate la vostra prima impressione. Come vi sembra questa canzone?

Dopo il secondo ascolto:

→ Prendete nota delle parole che avete capito. Di cosa parla la canzone?

Dopo il terzo ascolto l'insegnante vi dà il testo della canzone.

→ Fate l'attività che vi propone.

B

Mi piace non mi piace

Per me una canzone è bella quando ..

- è diversa dal solito
- le parole s'imprimono nella mente
- il testo tratta di un argomento interessante
- la melodia si ricorda facilmente
- la voce del cantante/della cantante è piacevole
- la conoscono tutti e la si sente spesso alla radio
- la canta il mio cantante preferito
- ha un ritmo o un sound indimenticabile
- descrive un sentimento, un rapporto, un'atmosfera
- non è altro che una poesia messa in musica
- racconta una storia

Lavorate a gruppi.

Scegliete una canzone **che conoscete tutti nel gruppo**, commentatela insieme da vari punti di vista e poi presentate i giudizi del vostro gruppo agli altri.

C

Titoli di canzoni

Quali di queste canzoni conoscete? Di cosa trattano? Fate delle ipotesi.

La canzone di Marinella
La guerra di Piero
Incredibile romantica
Una storia importante
Lasciatemi cantare
La donna cannone
Chi non lavora non fa l'amore
Il ragazzo della Via Gluck
Azzurro
Vengo anch'io. No tu no
Anima fragile
E se domani
Buonanotte fiorellino
Rimmel
La notte prima degli esami
E non mi dire che ho bevuto
Il tuo bacio è come un rock
Come funziona il mondo
Ti amo
Piccola e fragile

D L'ultimo bacio

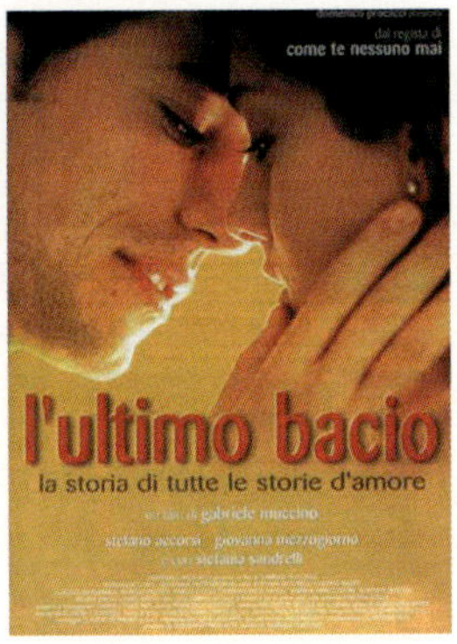

L'ultimo bacio fa parte della colonna sonora dell'omonimo film di Gabriele Muccino.

➔ A gruppi, immaginate come potrebbe essere la trama di questo film.
Fate una raccolta d'idee e poi scrivete un piccolo testo.
Leggetelo in plenum. L'insegnante vi dirà chi ha più ragione.

E Carmen Consoli

Carmen Consoli è una cantante di successo in questo momento. Leggete le frasi seguenti e decidete se possono essere vere.

Carmela Consoli, la ***punkette mediterranea***, nasce il 4 settembre 1974 a San Giovanni La Punta, in provincia di Catania, e inizia a suonare la chitarra, il suo primo ed eterno giocattolo, a nove anni.

È un talento precocissimo e inizia a esibirsi in pubblico già all' età di 14 anni. Suona fino a notte fonda nei pub e locali catanesi.

Nonostante questa vita da piccola rockstar è bravissima a scuola e prende ottimi voti.

La sua voce inconfondibile viene scoperta in occasione di una festa di matrimonio da Francesco Virlinzi, che diviene il suo produttore.

Carmen Consoli partecipa varie volte con grande successo al Festival di Sanremo.

Si iscrive alla facoltà di lingue all'università di Palermo e si laurea nel 2000.

Nel 1997 Carmen vince il tanto sospirato disco di platino, un riconoscimento che per un artista italiano è una vera rarità.

Il singolo "L'ultimo bacio" diventa l'ispiratore e la colonna sonora dell'omonimo film di Gabriele Muccino con Stefano Accorsi e Giovanna Mezzogiorno.

Nel 2001 nascono i suoi gemelli Led e Patty, che porta sempre con sé.

Il suo quinto cd "Stato di necessità" gode di un lancio più internazionale ed è stato pensato anche per il mercato francese. C'è "Bambina impertinente" che diventa "Gamine impertinente".

F Che domande faresti a Carmen Consoli?

Lunedì 18 Novembre 2006 alle ore 18.00 si terrà su Radioitalia la ns. terza chattata con Carmen Consoli, ospite nei nostri studi

Carmen Consoli risponderà alle vostre domande scelte fra quelle che giungeranno in redazione entro lunedì 18 novembre alle ore 17:30

Vi aspettiamo numerosi

4 A

Fabrizio De André

Ecco la biografia del famoso **cantautore** italiano in tredici frasi.
Mettete le frasi nell'ordine che preferite.
Leggete in plenum le vostre versioni. Discutete: qual è la migliore?

- Nel 1976 dopo aver incontrato la cantante Dori Grezzi, sua compagna da allora e da cui ha avuto la figlia Luisa Vittoria (Luvi), acquista un'azienda agricola in Sardegna.
- Anche il figlio Cristiano, nato nel 1963, ha fatto la carriera del cantante.
- Si sono esibiti insieme varie volte.
- De André è il "padre" di tutta una generazione di cantautori.
- La sua è la "scuola genovese", città dove ha a lungo vissuto e che l'ha molto ispirato.
- Era un grandissimo artista che ha vissuto intensamente, senza risparmiarsi niente.
- Fabrizio De André è nato a Genova nel 1940.
- La sua è una normale gioventù da figlio di agiata famiglia della buona borghesia.
- Suo padre era professore, un uomo molto colto, affettuoso ma autoritario.
- È morto nel 1999 dopo una lunga malattia.
- Ha tenuto il suo ultimo grande concerto in pubblico nel 1998.
- Hanno avuto un'esperienza tremenda: un sequestro avvenuto in Sardegna nel 1979.
- Nel 1962 si è sposato con Enrica Rignon, dalla quale più tardi si è separato.

B

Completa il testo con le parole seguenti:

melodie	temi	testi	stile	voce	autore	poesie	strumenti

Con il termine cantautore (da ***cantante*** +...........................) si indica qualcuno che interpreta canzoni da lui stesso composte. Generalmente il cantautore utilizza .... semplici che acquistano particolare valore in virtù della qualità dei .... utilizzati, talvolta vere e proprie .... Il testo del cantautore affronta - in maniera diretta o, appunto, poetica - .... sociali, politici, o filosofici, senza trascurare tematiche esistenziali o la sfera dei sentimenti. Caratteristica dello "............................. ***cantautorale***" è la presenza di arrangiamenti semplici (sovente nella formula "***chitarra e*** ...."), spesso con l'uso di .... acustici, coadiuvati dall'attenzione verso la qualità dei testi.

C

Commentate: che problema ha questa ragazza?

come fate a non scrivere niente sul grandissimo fabrizio de andré??? è uno dei più grandi cantautori italiani...di cui noi dobbiamo solo andare fieri!!!!! !!!!basta parlare solo di artisti stranieri !!!!!mi rendo conto che la canzone italiana attuale faccia un pochino schifo, quindi per una volta parliamo di uno di coloro che hanno scritto le più belle canzoni italiane!!!!!!!!!! !!!!

5 A

Prima di ascoltare leggi il testo della canzone.

La canzone del Michè

Quando hanno aperto la cella
era già tardi perché
con una corda al collo
freddo pendeva Michè

tutte le volte che un gallo
sento cantar penserò
a quella notte in prigione
quando Michè s'impiccò

stanotte Michè
s'è impiccato ad un chiodo perché
non poteva restare vent'anni in prigione
lontano da te

nel buio Michè
se n'è andato sapendo che a te
non poteva mai
dire che aveva ammazzato
soltanto per te

io so che Michè
ha voluto morire perché
ti restasse il ricordo del bene profondo
che aveva per te.

Vent'anni gli avevano dato
la corte decise così
perché un giorno aveva ammazzato
chi voleva rubargli Marì

l'avevan perciò condannato
vent'anni in prigione a marcir
però adesso che lui s'è impiccato
la porta gli devono aprir

se pure Michè
non ti ha scritto spiegando perché
se n'è andato dal mondo tu sai che
l'ha fatto
soltanto per te

domani alle tre
nella fossa comune sarà
senza il prete e la messa perché d'un
suicida
non hanno pietà

domani Michè
nella terra bagnata sarà
e qualcuno una croce col nome la data
su lui pianterà
e qualcuno una croce col nome e la data
su lui pianterà.

testo e musica: Fabrizio De André

Di cosa tratta?

Cerca di immaginare la musica che l'accompagna.
Potrebbe essere una musica/una melodia

lenta — cupa — forte — drammatica — allegra — espressiva
vivace — melanconica — regolare — ripetitiva — monotona

Adesso ascolta la canzone. Com'è la musica? Cosa noti nel testo?

B

Chi era "Michè"?
Crea un'identità precisa:
data e luogo di nascita, famiglia, lavoro.
Delinea il suo rapporto con Marì.
Cosa è successo? Come è andato il processo?

20 ANNI PER L'ASSASSINO DI GIOVANNI MAZZALADRO

CHIUSO IL PROCESSO A MICHELE LAVAGNA

ROMA 23 aprile. Si è chiuso oggi il processo ...

Scrivi **un articolo di cronaca** che parla del caso.

C

Che atteggiamento ha De André verso Michè?
(durissimo – severo – critico – neutro – comprensivo – positivo – glorificante)
Quali aspetti della canzone (musica, parole, ...) lo rivelano?

6 4

50 special

Vespe truccate,
anni '60,
girano in centro sfiorando i 90,
rosse di fuoco,
comincia la danza,
di frecce con dietro attaccata una targa.
Dammi una Special,
l'estate che avanza,
dammi una Vespa e ti porto in vacanza!
Ma quanto è bello andare in giro
con le ali sotto ai piedi
se hai una Vespa Special che ti toglie i problemi...
Ma quanto è bello andare in giro
per i colli bolognesi
se hai una Vespa Special che ti toglie i problemi...
La scuola non va...
ma ho una Vespa una donna non ho...
ma ho una Vespa
domenica è già...
e una Vespa mi porterà...
fuori città!
...fuori città!

Esco di fretta,
dalla mia stanza,
a marce ingranate dalla prima alla quarta
devo fare in fretta,
devo andare a una festa,
fammi fare un giro prima sulla mia Vespa
dammi una Special,
l'estate che avanza,
dammi una Vespa e ti porto in vacanza!
Ma quanto è bello andare in giro
con le ali sotto ai piedi
se hai una Vespa Special che ti toglie i problemi...
Ma quanto è bello andare in giro
per i colli bolognesi
se hai una Vespa Special che ti toglie i problemi...
La scuola non va...
ma ho una Vespa
una donna non ho...
ma ho una Vespa
domenica è già...
e una Vespa mi porterà...
fuori città!
...fuori città!

testo e musica: Cesare Cremonini

A Cesare Cremonini

Ecco come Cesare Cremonini commenta la sua canzone:

*La scrissi in uno dei periodi più **brutti** della mia vita. Ero **triste** e in quella canzone, che personalmente io trovo molto **amara**, raccontavo l'unico modo che avevo per distrarmi, e cioè correre sui colli in vespa.*

Con chi parla il ragazzo in questa canzone?
Anche a te sembra amara?

B Individuate nel testo le parole riferite alle vacanze e alla festa.

Poi a gruppi costruite una piccola storia utilizzando questo lessico.

C La scuola non va...

E per te, *la scuola va?*
Scrivi una pagina di diario riferita alla tua situazione a scuola in questo momento.

7

A

Festivalbar al via il 4 giugno

Partirà da Torino il prossimo 4 giugno la quarantaduesima edizione del Festivalbar, il noto festival estivo trasmesso in televisione da Mediaset che ogni anno raccoglie i cantanti e i gruppi più gettonati del momento. La prima serata sarà mandata in onda da Italia Uno martedì 7, mentre la seconda parte troverà spazio la settimana successiva...

Dopo l'appuntamento in piazza Castello nel capoluogo piemontese, il Festivalbar farà tappa a Viterbo (18-19 giugno, su Italia 1 il 21/28 giugno e il 5 luglio), ad Arezzo (9-10 luglio, su Italia 1 il 12, 19 e 26 luglio), per finire con le tradizionali finalissime dall'Arena di Verona a settembre. (adattato da: www.ilpotereelagloria.com)

Festivalbar 2005
Vincitore assoluto: Nek con *Lascia che io sia*
Premio Interpretazione: Jovanotti
Premio Tour: Laura Pausini
Rivelazione Italiana: Negramaro
Rivelazione Straniera: Daniel Powter

→ Cosa sai sul Festivalbar?

B

Festival di Sanremo

Lunedì parte la 56esima edizione della kermesse Sanremo, ecco il Festival per il made in Italy

«Una festa per l'eccellenza italiana: nella moda, nello spettacolo, nella canzone».

Giovedì 3 Marzo 2005 ore 13.47
Ascolti record

Ancora ascolti record al Festival di Sanremo. Ieri, seconda serata della kermesse canora, si sono raggiunti i 15 milioni di telespettatori con un 51% di share, 18 punti in più rispetto alla seconda serata della passata edizione.

→ Cos'è il Festival di Sanremo?

Usa queste parole chiave per proporre una definizione.

varie categorie   cinque serate   eliminazione   vincitore/vincitrice
valletta   presentatore   giuria demoscopica   televoto del pubblico
donne   fiori   uomini   gruppi   giovani   carriera
serata d'apertura   gran finale   Teatro Ariston   ospite d'onore
trasmissione in diretta   dal 1956   ogni anno a febbraio, marzo

→ Confrontate le vostre definizioni.

C Sanremo che noia!

Da un'intervista al cantante Claudio Baglioni:

Intervistatore: Claudio, so che hai avuto un attacco di ribellione su Sanremo. Ho letto che hai sparato sulla prossima edizione: tutto maquillage, discografici al collasso. È così?
Claudio Baglioni: Oramai sono al collasso perché di musica si parla poco. E' il pretesto. Ma dove si va a finire se è più importante chi presenta, chi saranno gli ospiti, l'attore che arriva dall'America delle canzoni? Io penso che di Sanremo non si può fare a meno. È un po' come l'ultimo dell'anno, no? Ogni anno diciamo 'quest'anno mi sa che sto a casa da solo oppure con la persona più cara, mi stappo la mia bottiglia' e poi all'ultimo momento non ce la fai. Ti infili in uno di quei veglioni drammatici in cui paghi un sacco di soldi, ti tirano le lenticchie addosso.
Quest'anno ci sono cinque categorie: uomini e donne divisi come nei bagni. Noi vedremo il cilindro quando si esibisce il signore e la gonnellina quando si esibisce la signorina. Poi ci sono i giovani, i vecchi e i classic. Io mi arrabbierei tantissimo! E non so, il prossimo anno troveremo 'cantanti con capelli' e 'cantanti senza capelli'
Intervistatore: Baglioni in che categoria vuole stare?
Claudio Baglioni: In tutte le categorie! (adattato da: http://www.capital.it)

➜ Riassumi in parole tue l'atteggiamento di Baglioni verso il Festival di Sanremo.
Spiega il confronto con i veglioni di Capodanno.
Tu personalmente cosa pensi di questi eventi?

D Altre voci su Sanremo

Stefano Di Battista: E' un'idea geniale, perché proclama cinque vincitori. Sui duetti sono un poco più dubbioso: è impegnativo allestirli, se lo devi fare all'interno di una gara in cui si rischia di essere eliminati.
Toto Cutugno: Trovo vergognoso fare esibire i giovani, che sono i nostri eredi, dopo la mezzanotte.
Francesco Renga: Alla fine la formula di questo Festival ha funzionato, comprese le scommesse che non saranno magari eleganti ma sono state efficaci. Qualche mio amico è stato eliminato, ma nessuno ne ha fatto un dramma.
Laura Bono: Questo Sanremo è come un reality show, ma è questo che ha attirato il grande pubblico e alla fine la musica è rimasta la cosa più importante.
Antonella Ruggiero: Il Sanremo di Bonolis è il migliore a cui abbia mai partecipato. Nessun pettegolezzo e chiacchiera inutile. (adattato da: musica.Virgilio.it)

➜ Secondo quali criteri queste persone giudicano il Festival?

8

A **Lo Zecchino d'oro**
Cosa potrebbe essere lo Zecchino d'oro?
Fate delle ipotesi.

5 **B** **Ascolta l'intervista a Stefania.**
Prendi note, poi riassumi.

→ Cos'è lo Zecchino d'oro?
Cosa pensi tu personalmente delle piccole star?

C **"Bellissima" è un film di Luchino Visconti del 1951.**
Inventa una trama basata sulle parole chiave qui proposte.
Cosa c'entra con lo Zecchino d'oro?

madre *figlia* *operaia*

Cinecittà *speranze* *provino* *realtà*

lezioni di danza *ambizione* *illusione*

fatiche *miracolo* *ridere* *timida*

D **Ma si usa ancora suonare uno strumento?**

strumento:
pianoforte, violino, flauto dolce, batteria, sassofono, chitarra (elettrica)

esercitarsi:
tanto, poco, un'ora al giorno, volentieri, solo se costretti, con disciplina

problemi:
tempo, soldi, vicini di casa, genitori, professori, voglia, senso, talento

tipo di musica:
classica, leggera, canzoni scritte da loro

Preparate un **questionario** e usatelo per intervistare tutta la classe.
Basandovi sui risultati scrivete un **articolo** col titolo: Giovani musicisti?

E *Piano, fortissimo, andante, ...*

Fa una ricerca sul vocabolario italiano nel campo della musica.
Cosa significano: *do maggiore, staccato, pizzicato, crescendo?*

9

A Quali di questi cantautori conosci?

Claudio Baglioni
Franco Battiato
Lucio Battisti
Edoardo Bennato
Riccardo Cocciante
Fabio Concato
Paolo Conte
Lucio Dalla
Pino Daniele
Fabrizio De Andrè
Francesco De Gregori
Sergio Endrigo
Ivano Fossati
Giorgio Gaber
Rino Gaetano
Ivan Graziani
Francesco Guccini
Enzo Jannacci
Bruno Lauzi
Amedeo Minghi
Domenico Modugno
Gino Paoli
Ron
Enrico Ruggeri
Vasco Rossi
Luigi Tenco
Roberto Vecchioni
Antonello Venditti
Renato Zero
Zucchero
Biagio
Antonacci Alex
Baroni
Samuele Bersani
Alex Britti
Sergio Cammariere
Luca Carboni
Carmen Consoli
Tiziano Ferro
Max Gazzè
Irene Grandi
Gianluca Grignani
Jovanotti
Luciano Ligabue
Mango
Marco Masini
Gianna Nannini
Piero Pelù
Raf
Eros Ramazzotti
Daniele Silvestri
Paola Turci
Michele Zarrillo

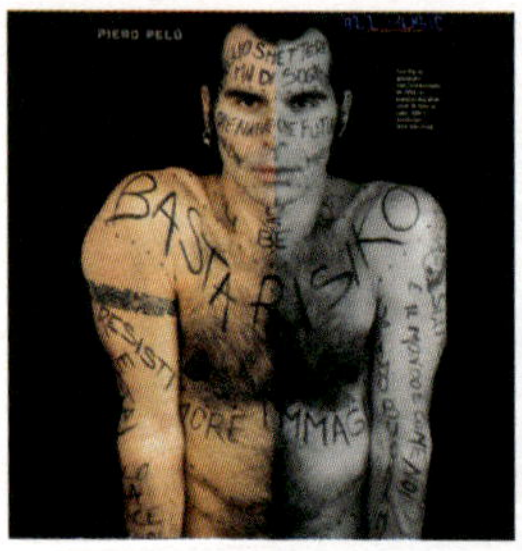

B Se voi doveste organizzare un evento musicale, come lo fareste?

→ Mettete insieme il vostro programma ideale di canzoni italiane.
Che ne direste di fare un karaoke?

→ Presentate ai vostri compagni una serie di cantanti italiani.
Alla fine fate un quiz: "Chi riconosce" questa canzone, questo cantante?

→ Scegliete i testi di varie canzoni italiane, preparateli, presentateli in classe, proponete delle attività ai vostri compagni.

→ Fate una votazione: qual è la "canzone migliore"?
Assegnate dei punti.
Un moderatore legge i giudizi: "Laura non c'è" ... 3 punti!

C

6

Ascolta l'intervista con una giovane cantante italiana.
Prendi note. Cosa dice su

- ➔ gli italiani e la musica
- ➔ i festival
- ➔ i cantautori in generale
- ➔ il suo rapporto con la musica
- ➔ i suoi cantautori preferiti

D

Leggi questa recensione.
Dove dice qualcosa di positivo, dove critica qualcosa?
Sottolinea con colori diversi.
Poi scrivi una recensione dell'ultimo CD che hai comprato.

Autore: **PERTURBAZIONE**
Titolo: **Canzoni allo specchio**
Anno: **2005**
Genere: **pop**
Etichetta: **Mescal**

"Se faccio il grande passo/ che succederà?": così diceva il ritornello di una bellissima b-side del singolo "Agosto", tratto dal precedente album dei Perturbazione. E il grande passo in qualche modo c'è stato: lasciata l'Audioglobe per la quale avevano inciso due dischi e un Ep,
i Perturbazione sono arrivati alla Mescal per incidere queste "Canzoni allo specchio", con la produzione artistica di Paolo Benvegnù e alcuni ospiti prestigiosi come Jukka dei Giardini di Mirò e Rachele Bastreghi e Francesco Bianconi dei Baustelle.
Rispetto al disco precedente, la prima cosa che appare evidente è la scomparsa (salvo un paio d'eccezioni) dell'ironia e della freschezza che contraddistinguevano sia i testi che le musiche: così come in "In circolo" abbondavano giochi di parole, rime ardite e giocose, brevi intermezzi strumentali e improvvisi cambi di ritmo, qui le dodici canzoni sono livellate su un unico registro, quello più nostalgico. Ma se la nostalgia delle precedenti prove del gruppo era raccontata con una perfetta miscela, qui alcune canzoni cadono nel banale e, talvolta, nel lagnoso (è il caso di "Spalle strette" e "Se fosse adesso").
In compenso c'è anche qualche pezzo ben riuscito: il singolo "Chiedo alla polvere", la "antropologica" (eppure così fluente) "Animalia", l'irresistibilmente adolescenziale "Se mi scrivi" e "Canzone allo specchio", forse la meglio riuscita nell'equilibrio musica-testi.
Le parti più ambiziose, invece, sembrano riuscite a metà: troppo raffinate per un gruppo che ha fatto proprio della semplicità e della modestia i propri punti di forza; la conclusiva "Il materiale e l'immaginario", invece, è musicalmente ben riuscita, ma nel testo sembra almeno in parte un po' facile e prevedibile.
Il primo disco di Perturbazione, così fresco, intelligente e assolutamente unico nel panorama nazionale, aveva permesso loro di ottenere un buon successo in questi anni. Adesso invece siamo lontani anni luce da quel piccolo capolavoro che è "In circolo" e siamo vicini, estremamente vicini, a tanti, troppi dischi italiani intimisti: i Perturbazione hanno perso una parte della loro originalità. Forse mi aspettavo troppo dal nuovo disco? "Canzoni allo specchio" resta un disco piacevole, sincero, e con qualche canzone che merita di essere ricordata. Per il vero grande passo, in fondo, possiamo aspettare ancora un po'.

(adattato da una recensione di Davide Bassi www.ondarock.it2005)

10 **A**

All'Opera!

Ieri sera sono andato all'Opera con tre amiche. C'era Il Rigoletto di Verdi, diretto da Muti. I biglietti per i posti in piedi in galleria costano 2 Euro e il guardaroba per lo zaino 90 centesimi. Ero nel punto più alto della parte centrale della sala. La vista era buona e lo spazio sufficiente: volendo ci si poteva sedere per terra senza troppi problemi.
C'era un caldo pazzesco... sono rimasto in maniche corte e avevo ancora caldo... Ogni minimo bisbiglio veniva punito con delle occhiate omicide da parte dei vicini... se fosse suonato un cellulare probabilmente avrebbero buttato il proprietario giù dal balcone. Lo spettacolo è iniziato alle 19.00 ed è finito credo verso le 22.30. A dire la verità mi sono annoiato un po'. Tra i tanti applausi ci sono stati anche diversi "BUUUUUUUUHHH!" che proprio non mi aspettavo. Uscendo ci siamo fermati un attimo a guardare la scalinata: bellissima.
Tornati a casa abbiamo trovato i residui di una festa tra la francese e i vicini del piano di sopra: bottiglioni di vino ovunque, una montagna di piatti sporchi da lavare, una pentola con dentro mezzo litro di ragù e un'altra con un centimetro di spaghetti incrostati sul fondo. Devono aver cucinato la pasta con mezzo bicchiere d'acqua per ottenere un risultato simile.

➜ Cerca di capire che tipo di persona ha scritto questo testo.
Dà un'identità a questa persona, spiega la sua situazione attuale.

B

Noi bambini, appassionati di videogiochi, non sapevamo proprio niente dell'Opera Lirica! Tutto è cominciato quando la maestra Roberta ci ha fatto vedere un cartone animato di Walt Disney: "La Balena Ugoladoro". Ben presto ci siamo appassionati a questo strano modo di cantare e abbiamo fatto dei giochi per imparare a riconoscere le voci di: tenore, baritono, basso, soprano, mezzosoprano e contralto.
Roberta ci ha letto un po' per giorno la storia de "L'Elisir d'amore", un'Opera Lirica di Gaetano Donizetti, che andremo a vedere e a cantare al Teatro dell'Arte di Milano, il 24 maggio. Quanto ci piace "L'Elisir d'amore", la storia è molto divertente e vogliamo sempre recitarla per gioco in classe. La maestra legge e noi interpretiamo Nemorino, Adina, Belcore, Giannetta e......il mitico Dottor Dulcamara....il nostro personaggio preferito! Spesso ascoltiamo i brani dell'Opera e ormai riconosciamo dalle voci i vari personaggi. Le musiche sono proprio belle!
Lo spettacolo ci è piaciuto molto.
I Cantanti Lirici sono stati bravissimi, la loro voce era un bel po' diversa dalla nostra!
I musicisti erano molto simpatici e cordiali, qualcuno si è anche divertito a parlare con noi prima dello spettacolo, hanno suonato davvero molto bene.
Noi eravamo catturati da tutto quello che succedeva sul palco e intorno a noi: le luci, i colori, le musiche, le voci, i personaggi, le scenografie.
Tutti insieme, con le nostre bandane bianche e nere, abbiamo fatto tante coreografie simpatiche e abbiamo cantato bene, con tutta la voce possibile. È stato bellissimo!

(adattato da: www. granburrasca.altervista.org)

➜ Fate **un'intervista** alla "Maestra Roberta", la maestra che ha insegnato a questi bambini ad amare l'opera.

Come è nata l'idea di portare i bambini all'opera?
Non è troppo difficile per i bambini l'opera lirica?
Che lavoro richiede questo progetto?
In che modo lo spettacolo era diverso dal solito?
Come sono state le reazioni dei bambini?

Passo per passo	Klar!	Noch unsicher
Ich kann einige italienische Liedermacher vorstellen.		
Ich kann ausdrücken, was mir an einem Lied ge- oder missfällt.		
Ich kann meinen Musikgeschmack mitteilen.		
Ich kann den Inhalt eines Liedes wiedergeben.		
Ich kann ein italienisches Lied mit dem kompletten Text singen.		
Ich kann mir Karten für eine (Musik-) Veranstaltung organisieren.		

Parole

il/la cantante
il cantautore/la cantautrice
la voce
la carriera
il talento
la star
l'artista
partecipare a qc
comporre (composto)

il festival
l'edizione
il vincitore/la vincitrice
vincere (vinto)
il successo (di successo)
contraddistinguere
il premio
la critica
il pubblico
la categoria
l'eliminazione
eliminare
lo spettacolo
la serata
la trasmissione
trasmettere (trasmesso)
l'appuntamento

il programma
la canzone
il testo
le parole
la musica
la melodia
il messaggio
il tema
l'album
il disco

lento
cupo
forte
drammatico
allegro
vivace
monotono
espressivo
triste
amaro
melanconico
regolare
inconfondibile
indimenticabile

cantare
canterellare
accompagnare

suonare uno strumento
il pianoforte
il violino
il flauto dolce
la batteria
il sassofono
la chitarra (elettrica)

esercitarsi
avere talento
esibirsi in pubblico
la colonna sonora
l'arrangiamento

l'opera lirica
andare all'opera
la prenotazione
il biglietto
le riduzioni per turisti
l'interruzione

i gusti
lo stile
l'atteggiamento verso qc/qu
appassionato/a di
andare matto per
adorare qc/qu
sapere/conoscere a memoria
intendersi di qc
giudicare qc/qu

comprare "made in Italy"

1 **A** Conosci dei prodotti tipicamente italiani?
Pensa a:

mobili
accessori casalinghi
abbigliamento
alimentari
dolciumi
giornali/riviste
articoli sportivi
scarpe
elettrodomestici (lavatrice, lavastoviglie, aspirapolvere, frullatore, bollitore, macchina del caffè, …)
medicinali
alta tecnologia (computer, telefonia, impianti stereo…)
giocattoli (tradizionali e elettronici)
automobili
motociclette
biciclette

→ Fa' una lista di prodotti italiani.

B Completa la lista mettendo le seguenti parole al posto giusto.

argento – stravagante – vestiti – lampade – attrezzi cucina – pelle – vetro (murano) – metallo – oro – moderno – classico – macchine – sportivo – casual – comodo – estivo – motorini – invernale – utile – primaverile – robusto – autentico – lana – biologico – autunnale – efficace – attrezzi bagno – profumi – plastica – legno

gioielli	di cotone	elegante
mobili	di rame	raffinato
	d'ottone	
	d'acciaio	

Descrivi i prodotti della tua lista (1A) con l'aiuto di queste espressioni.

C Di quale prodotto si tratta ?

Ogni giorno nel mondo, vengono serviti milioni di ?. Ogni giorno, anche a casa e in ufficio, altri consumatori apprezzano la qualità del ?. Sin dal primo assaggio, riconoscono il suo aroma ricco e armonico, assaggiano il suo gusto equilibrato e intenso, assaporano un piacere inconfondibile: la miscela è sempre la stessa. Un'unica miscela composta al 100% di Arabica, che garantisce un contenuto di caffeina inferiore all'1,5%.

Quali delle seguenti qualità possono definire i prodotti sulle foto?
Scegli tre prodotti e scrivi un piccolo testo per ciascuno in cui presenti i vantaggi di questo prodotto.

gusto, aroma, profumo — in miscela arabica o robusta
il buon gusto — cottura al dente — extra vergine
semplice, naturale — croccante — di farina integrale
prodotto genuino — a base d'olio di oliva
il gusto del latte di bufala — fresco, sano, genuino
maturo, gustoso, digeribile — ingredienti tradizionali e saporiti

2

A **Da dove viene l'espressione "design"? Cosa vuol dire?**

Ecco alcuni prodotti "firmati".

Ne conosci qualcuno?
Quali secondo te sono "made in Italy"?
Perché? C'è qualcosa di tipicamente italiano?

B Per la conversazione...

I turisti italiani si riconoscono abbastanza facilmente per il modo in cui sono vestiti.

→ Sapresti descrivere il tipico abbigliamento di un italiano/a?
→ Secondo te, perché gli italiani hanno la reputazione di essere esperti in fatto di "stile"?
→ Quali sono i prodotti italiani che "piacciono" a te personalmente?

7 **C** **Ascolta e segna con un numero il prodotto di cui si parla (2A).**

I prodotti che hai sentito nominare sono quelli "made in Italy".

→ Scegli uno dei prodotti, effettua una ricerca (internet) e prepara:
- la storia
- i pregi
- la descrizione dettagliata del prodotto

→ Fate una fiera tutti insieme. Create dei poster che presentate in classe.

3 A Ecco alcuni slogan pubblicitari. Trova per ogni slogan il prodotto adeguato.

Se qualcuno ruba un fiore per te, sotto sotto c'è	Jesus jeans
Ogni mattina	Nutella
........................., non fa fili e non sporca.	Wiskas
Schweppati una	Ovomaltina
.... Il posto più morbido dove mettere il naso.	Impulse
Che mondo sarebbe senza ....?	Mulino bianco
.... La banana 10 e lode.	Amica
Chi mi ama mi segua (...................................)	Camomilla Sogni d'Oro
I gatti comprerebbero	Scottex
Mangia sano, torna alla natura con	Schweppes
.... lava più bianco.	Motta
Ho preso una cotta per	Mitsubishi
.... Buona notte, ottimo giorno.	Uhu
.... mi stupisci.	Chichita
Non c'è amica più amica di	Dash

B Lavorate a coppie.

→ Scegliete tre slogan che secondo voi illustrano bene un qualsiasi aspetto grammaticale (negazione, forma verbale...).
Poi variate questi slogan e create una serie di nuovi slogan pubblicitari.

Se una ragazza si avvicina a te, sotto sotto c'è la voglia di un gelato...

→ Presentate i vostri risultati alla classe.

C Leggi il testo seguente e cerca le espressioni essenziali per parlare di pubblicità.

La seduzione della pubblicità
Conoscere e capire la pubblicità
di Antonio Incorvaia

Pubblicità Italia
La comunicazione diventa informazione

Tutti i giorni vediamo intorno a noi innumerevoli immagini pubblicitarie: sui giornali, in televisione, sulle insegne luminose, sui mezzi pubblici, su internet. Rivolgendosi a un pubblico molto vasto e diversificato, la pubblicità tenta di rendere desiderabili i prodotti reclamizzati per indurre il pubblico al loro acquisto.
Il messaggio pubblicitario fa uso di codici linguistici tradizionalmente attribuiti ad altri ambiti: fotografia, grafica, cinema, ecc.
Come nasce la pubblicità e quali strategie comunicative applica?
Non c'è dubbio che la pubblicità, nelle sue diverse forme, faccia ormai parte della nostra vita quotidiana in modo sempre più radicato. Che si tratti di un semplice volantino, di una insegna luminosa o di uno spot televisivo, in ogni momento del giorno la pubblicità trova un suo spazio per diffondere il suo messaggio di persuasione.
Non è sufficiente, infatti, far conoscere al pubblico un particolare prodotto, ma è indispensabile convincere il pubblico ad acquistarlo: per questo motivo una campagna pubblicitaria - di qualsiasi natura - è sempre un'operazione complessa e delicata, che richiede l'intervento di numerosi professionisti del settore.

SAPERE.it De Agostini

- Quali forme di pubblicità conosci?
- Qual è per te la forma più efficace?
- Ti dà fastidio o c'è anche della pubblicità che ti piace?
- Cosa ti seduce particolarmente? L'immagine? Il testo?
- Sai resistere alle campagne pubblicitarie?
- È importante la pubblicità? Per chi?
- Ti piacerebbe una vita senza cartelloni pubblicitari?

D Ecco un manifesto di *pubblicità progresso*.
Che ne dici? Cos'è diverso in questo tipo di pubblicità?

E Guardate, discutete, commentate…

**Solo Parmigiano-Reggiano
è uguale a Parmigiano-Reggiano**

Cosa dicono?

→ Scrivete i dialoghi per questa pubblicità e mettetela in scena.

F Inventate uno spot pubblicitario per i *Baci Perugina.*

4 **A** **Ecco alcuni "prodotti" austriaci.**

- → Quali sono i prodotti austriaci tipici di esportazione?
- → Quali sono i souvenir più venduti ai turisti?
- → Quali prodotti costano meno in Austria che in Italia?
- → Cosa potrebbe interessare ad un italiano che compra in Austria?

B **Lavorate a coppie.**
Trovate un prodotto "made in Austria" (tipico della vostra città, della vostra regione...) e preparate una campagna pubblicitaria per lanciare questo prodotto sul mercato italiano.

5

MITOLOGIA DELLO SCOOTER
Dalla VESPA alla LAMBRETTA e oltre
UGO VOLLI

È il 1945 quando Enrico Piaggio decide di mettere in produzione la Vespa. Lo scooter disegnato dal progettista-inventore Corradino D'Ascanio fu il primo a „carrozzeria strutturale", un'idea tanto geniale da resistere fino ai giorni nostri. Questo motoveicolo è più maneggevole e confortevole delle solite motociclette. La sua forma è innovativa racchiude completamente il motore per evitare di sporcare i vestiti del pilota e del passeggero. La posizione di guida è la più comoda possibile. Le ruote sono facilmente sostituibili. C'è, infatti, lo spazio per una ruota di scorta, nascosta sotto il sedile. Si può finalmente salire con la massima facilità. Anche parcheggiare diventa un'operazione facilissima.

Dalla concezione astratta al prototipo il passo fu breve. Già nel 1956 erano stati prodotti un milione di esemplari. Cinquant'anni dopo, più di cento modelli erano sul mercato accontentando professionisti e studenti, Miss e operai, esploratori e famosi attori.
Quasi immediata fu la risposta della Innocenti, che per la struttura della Lambretta, disegnata dall'ingegner Cesare Pallavicino, utilizzò invece una specialità dell'azienda milanese: il tubo d'acciaio di grande sezione.
I due storici scooter italiani sono destinati non solo ad entrare nella mitologia dell' immaginario anni 50, ma anche a produrre una lunghissima serie di discendenti, mantenendo viva fino ad oggi l'idea di autentica libertà di movimento individuale.

A Comprensione – riassunto

- ➔ Lavorate a coppie. Ognuno rilegge attentamente una parte del testo. Scambiatevi in tedesco le informazioni che avete raccolto, senza guardare nel libro.
- ➔ Rileggi il testo e sottolinea le informazioni che ti sembrano importanti.
- ➔ Riassumi il testo in 5 frasi.

B Scooter, motorini, moto, bici...caschi!

Completa le frasi con gi elementi seguenti:

> **del parcheggio; i vestiti; ci vuole prima di tutto il manubrio; a due ruote; avere la patente; girare in città; si può mettere il casco; riflessi pronti; perché si può andare molto più forte; parafanghi; per tutti i veicoli a motore; è il miniscooter**

Questi sono dei veicoli ....

Sono molto pratici per ....

Non c'è il problema ....

e per la maggior parte non è necessario ....

Per guidarli nella direzione giusta ....

ma servono anche ....

Il casco è obbligatorio ....

Per guidare una moto ci vuole la patente ....

L'unico di questi veicoli che non dispone né di un faro né di un sedile ....

Sotto il sedile del motorino rosso ....

La bicicletta color arancione non ha ....

Se piove rischi di sporcarti ....

- ➔ Segnati il vocabolario specifico per illustrare le foto.
- ➔ Commenta i veicoli.

6 A

Ascolta e scrivi le somme nella tabella.

1.	2.	3.	4.	5. ....
6.	7.	8.	9.	10. ....
11.	12.	13.	14.	15. ....
16.	17.			

Riascolta. Come si dice:

einkaufen	Gehalt
Bancomat (karte)	Gehalt erhöhen
Steuern zahlen	Ausgaben einschränken
Geld ausgeben	sparen
Trinkgeld geben	Sparbuch
verteuern	borgen
Ich schulde ihm	verdienen
Schulden machen	Bankkonto
Geld abheben	Kreditkarte
Einkäufe machen (shoppen)	Ersparnisse

B

Lavorate a coppie.

Ognuno scrive dieci somme (al minimo di 4 cifre) su un foglio di carta. Leggete i numeri ad alta voce e fateli scrivere al vostro partner. Ripetete l'esercizio aggiungendo ad ogni numero una o più persone (Elena, i tuoi genitori…). Adesso la somma corrisponde ai debiti fittizi che avete presso queste persone.

Esempio: 2.450€ / Roberta → *A Roberta, le devo duemilacinquanta euro.*

C

Cosa vorrebbe realizzare la ragazza nel futuro?

D Alessandra e Fiorenzo parlano sia l'italiano che il tedesco. A volte mischiano le due lingue.

9

Ascolta e traduci quello che manca in italiano.

Mi servono almeno 50€, eh sì perché devo ancora .... e poi c'è anche Max, gli .... ancora 10€ , devo proprio trovare un ....

Dove ho lasciato la mia ....?

I miei genitori sono proprio strani. Ho un ...., questo sì, ma non mi lasciano tenere un .... personale, tu lo capisci?!

Hanno aumentato .... a Francesca, stasera mangiamo fuori per festeggiare.

Il mese scorso abbiamo avuto tante .... per i bambini.

E Ascolta e completa.

10

La Lega ha proposto l'eliminazione dell'Euro e il ritorno alla Lira. Cosa ne pensi?

	VOTI	%
Ormai non avrebbe senso tornare indietro e ripristinare la vecchia Lira	10.887	......
Sono d'accordo, con l'Euro il costo della vita è raddoppiato	....	47,8
La scelta migliore sarebbe rimettere in circolazione entrambe le valute	....	2,8
Non so	50	......

Il presente sondaggio non ha alcuna valenza scientifica, non è indicativo con riferimento alle opinioni della popolazione ed è effettuato ad esclusivo interesse degli utenti Excite
http://news.excite.it/sondaggi/maroni

Per discutere:

- → Cosa dice questo sondaggio?
- → Che ne pensi tu?
- → Com'è la situazione in Austria?
- → Ne parlate in famiglia o tra amici?
- → Che ne dici? Pensi che il costo della vita sia aumentato anche in Austria?
- → Preferiresti ritornare allo scellino?

7

A

Povera Italia?

Ha bella presenza, istruzione medio-alta, spesso famiglia, in parecchi casi lavoro. È il nuovo povero "in giacca e cravatta".
Contratti temporanei, lavori atipici, conquiste sociali annullate gli rendono difficile la vita e non riesce più ad arrivare a fine mese.
Un'urgenza che richiede nuove forme di politica e di solidarietà.

→ *1000 €uro al mese, è quanto guadagnano quasi tre milioni di italiani. Laureati e non. Ecco come vivono in un difficile equilibrio. E come sarà il loro futuro.*

da *L'Espresso*

Commentate.

→ In questo contesto, cosa vuol dire "povera Italia"?
→ Chi guadagna 1000 € al mese?
→ Che tipo di lavoro fa?
→ Cosa si vede sulla copertina dell'*Espresso* e cosa esprime?
→ Com'è la situazione in altri paesi?

B

Leggi il testo seguente.

Sergio ha 27 anni e si è laureato a pieni voti all'Università di Torino. Ma ora iniziano i problemi. "Dove vuoi andare con una laurea in lettere, mi dicevo? Infatti eccomi qui". Sergio lavora in un *call center* dove prende 600 euro al mese. Non è l'unico laureato a fare questo tipo di lavoro. Ci sono letterati e filosofi, ma anche ingegneri e scienziati. Studente modello, a 23 anni Sergio era già dottore. Quindi ha fatto il servizio civile ed esperienze all'estero. Opportunità di lavoro ne ha cercate finché ha potuto, "come Tarzan, saltando da una liana all'altra". Con la sua laurea, le sue esperienze all'estero, le tre lingue che parla non è riuscito a trovare un lavoro adatto alle sue esigenze. A 26 anni si è rassegnato a trovare un qualsiasi lavoro a tutti costi. Finalmente l'hanno assunto al *call center*. Ma anche questo non è stato facile.«Alle agenzie interinali mi dicevano che avevo un profilo troppo alto per i servizi *inbound*. Allora ho cominciato ad adattare il mio curriculum. Mi sono fermato alla laurea senza esperienze. Poi ho tolto anche quella e sono diventato studente. Finalmente mi hanno chiamato».

da: *Volontari per lo sviluppo,* aprile 2005

→ Immagina le domande che avrebbe potuto fare un giornalista e scrivi un'intervista.

C **Ascolta l'intervista e segna le informazioni importanti. Poi fa' un riassunto.** Confronta i due casi.

- Quali sono le differenze tra l'esempio di Sergio e quello di Gianni?
- Chi dei due corrisponde meglio alla foto su *Espresso*?
- Chi è nella situazione più difficile?
- Come sarà il loro futuro?

D

Quando il basso costo diventa una filosofia di vita... bisogna ARRANGIARSI

NIENTE CINEMA SI RESTA A CASA
Mammoni o meglio senza possibilità di pagare l'affitto: oltre il 60% dei giovani trentenni vivono a casa dei genitori. Limitano in circa il tre quarti dei casi le uscite e invece di andare al cinema affittano un dvd.

Primo, i consumi. I giovani, si concentrano su pochi prodotti ad alta visibilità: l'iPod, il cellulare, il jeans alla moda.
Secondo, i viaggi. Solo pochissimi giovani rinunciano completamente a viaggiare. Se vanno all'estero, volano low cost. Molti vanno va al mare, su una spiaggia e si fermano lì. In ogni caso, si organizzano da soli, saltando le agenzie di viaggio e spesso anche l'albergo. La destinazione più popolare è la casa di un amico.
Terzo, la pizza. Grosso modo dicono di avere tagliato le uscite fuori casa, sostituendo la pizzeria con la cena in gruppo a casa di un amico.
Quarto, il cinema. Si risparmia il biglietto del cinema, spartendo con gli amici il costo di noleggio di un dvd. Semmai si va al cinema, ci si va di mercoledì, quando costa 4 euro invece di 7.
Quinto, la musica. Niente cd, scarichiamola da Internet. E Internet, ancora largamente gratuito, è la grande ciambella di salvataggio, dai videogiochi sulla Rete in giù, che più aiuta a galleggiare sulla crisi.

adattato da: *La Domenica di Repubblica,* marzo 2006

- Fa' una lista delle spese del giovane descritto nel testo.
- Fa' una lista delle tue spese.
- Fa' una lista delle cose a cui tu rinunceresti per primo.

bisogna arrangiarsi ...

Trova qualcuno con cui hai voglia di discutere di queste cose.

8 Leggi le seguenti offerte di lavoro e decidi quale ti interessa.

Scrivi il tuo curriculum vitae.

Poi immagina che ti abbiano chiamato a un colloquio d'assunzione. Scrivi il dialogo. Loro vogliono conoscere te, ma anche tu vuoi sapere delle cose.

Ricerca: cercasi collaboratrice domestica

Cerco ragazza come collaboratrice domestica, offro alloggio. Luogo di lavoro provincia di Trapani.

Luogo: **Palermo**
Categoria: **Servizi** > **Pulizie e assistenza domestica**
Numero annuncio: **1323877**

Data pubblicazione: **29-dic**

Zona / Quartiere:	Genova I Bremen Germany
CAP:	16137
Categoria:	Privato

Cerco urgentemente per la prossima stagione estiva personale da inserire presso la mia gelateria italiana in Germania - si richiede un minimo di conoscenza del settore, non è obbligatoria la conoscenza della lingua. Si richiedono serietà, affidabilità, pulizia, volontà e puntualità. Età massima 30 anni. Offro alloggio e assistenza sanitaria. Per i cittadini non italiani è richiesto il permesso del soggiorno valido per la Comunità Europea.
Chi è veramente interessato può inviarmi un curriculum con foto e relativa descrizione delle precedenti esperienze lavorative e i propri dati. Grazie.

tel italiano 3494007563
tel tedesco 0049-4218060455
tel tedesco 0049-1741825868

Cercasi personale

URGENTE!! Distribuzione prodotti per il controllo del peso / Opportunità di guadagni con attività indipendente gestibile anche da casa / Informazioni e assistenza gratuiti.

Testo annuncio Cercasi personale annuale per gelateria, età min 18, possibilmente con esperienza. Da subito! (NO alloggio!)

Data di pubblicazione giovedì, 12 gennaio

Provincia Rimini

Comune SANTARCANGELO DI ROMAGNA

Cercasi collaboratore.

Stiamo selezionando - Roma centro - personale di varie qualifiche e livello con conoscenze di

Photoshop (ottime)
Director (buone)
Lingo (basic)
Dreamweaver (buone)

Chi è interessato e pensa di avere i requisiti può inviare il proprio CV a:
newmultimedia@libero.it

9

Scrivi un testo coerente in cui rispondi alle domande.

- ➜ Tu ce l'hai un conto in banca?
- ➜ Come ti organizzi per pagare le tue spese quotidiane, una vacanza o altro?
- ➜ Ti fai prestare soldi da amici? Come ti senti se fai debiti?
- ➜ È importante per te avere molti soldi?
- ➜ Cosa significa adesso per te averne "tanti"?
- ➜ Per il tuo futuro, è importante guadagnare molto?
- ➜ Cosa vuol dire per te avere uno stipendio alto, essere "ricco"?
- ➜ Sei pronto/a a fare dei sacrifici per guadagnare di più? Quali?
- ➜ Che tipo di lavoro vorresti fare (in generale) e quanti soldi pensi di prendere al mese?
- ➜ Riconosci le persone che sono ricche? Come?
- ➜ Si vede quando uno è povero? Da cosa si nota?
- ➜ Una persona povera, quanti soldi avrà a disposizione al mese?
- ➜ Si riconosce sempre, la povertà?
- ➜ È un problema che si può evitare? Come?

---

10 A

Ecco le varie parti di tre lettere.

Mettile in ordine e ricomponi la corrispondenza tra le due ditte (tre lettere).

Ceramica OCEANO – arredamenti bagno

Massimo Trevisan
Via Armando Zoccolo 62
I - 20155 Milano 1 aprile 200.

Spett. Ditta,

OCCASIONI!ARREDAMENTO BAGNO
Vendita promozionale di piastrelle
ottima qualità - grande scelta di colori

Chi ancora non ci conosce, avrà invece la piacevole occasione di comprare i nostri prodotti a prezzi vantaggiosissimi. Infatti i prezzi saranno bloccati per tutto il periodo di validità del catalogo.
Con i migliori saluti

Allegato: catalogo piastrelle

IL BAGNO
Schuster GesmbH
Zeinerstraße 56
A - 9020 Klagenfurt 2 maggio, 200.

Spett. Ditta,

Nell'esaminare la Vostra consegna, pervenutaci oggi, abbiamo constatato con dispiacere che la stessa **non contiene l'assortimento da noi ordinato,** sia per quanto riguarda i colori sia per quanto concerne le misure.

Riferendoci alla Vostra offerta dell'1 aprile e al catalogo allegato Vi preghiamo di spedirci i seguenti articoli:

piastrelle n°125 *salerno*, 45 x 45, rigate, colore blu ....pezzi: 350

piastrelle n°278 andorra, 40 x 45, colore sabbia ....pezzi: 400

In attesa della Vostra spedizione Vi salutiamo distintamente

Manuela Hofer

Gentili clienti,
anche quest'anno Vi presentiamo una grandissima scelta di piastrelle a prezzi favolosi!
Chi è già nostro cliente, e quindi apprezza la qualità dei nostri prodotti, sa già che il nostro catalogo contiene il meglio delle nostre proposte e potrà fare ottimi acquisti a colpo sicuro.

Infatti, invece di piastrelle blu a righe blu, ci avete inviato un design a puntini gialli, il tutto di una misura sbagliata: 35 x 35 invece di 45 x 45.
In attesa di una Vostra sollecita comunicazione in merito, Vi informiamo che la merce non corrispondente all'ordine resta da noi a Vostra disposizione.

Distinti saluti Manuela Hofer

IL BAGNO
Schuster GesmbH
Zeinerstraße 56
A - 9020 Klagenfurt 15.aprile 200.

→ Quale delle tre lettere corrisponde a un' **OFFERTA**?
un **ORDINE**?
un **RECLAMO**?

→ Sottolinea le parti delle lettere che possono essere utilizzate per scrivere delle lettere simili.

B Scrivi un'offerta per uno dei seguenti prodotti:

giacche Loden biscotti Manner porcellana Augarten CD Musikantentadl

Passo per passo	Klar!	Noch unsicher
Ich kann ein Produkt vorstellen.		
Ich kann einiges über die wichtigsten Exportartikeln Italiens zusammenhängend erzählen.		
Ich kann für etwas werben, indem ich Vorteile und Qualitäten plakativ ausdrücke.		
Ich kann die interessantesten Produkte meines Heimatorts anpreisen und bewerben.		
Ich kann über den Umgang mit Geld im Alltag sprechen.		
Ich habe mich mit den Themen Einkommenssituation, Kaufkraft und Alltagsbewältigung auseinandergesetzt und kann dazu Stellung nehmen.		
Ich kann vorgegebene Modelle von Geschäftsbriefen für meine Zwecke adaptieren.		

Audio-CD und Computer-CD-ROM

Liebe Schülerin, lieber Schüler!

Zu jedem Band von **DETTO FATTO** gibt es eine **Audio-CD**.
Sie enthält alle Sprachübungen, die im Lehrbuch mit einem Kopfhörer gekennzeichnet sind.

Die **Dialoge und Lieder** unterstützen Sie, die italienische Sprachmelodie besser zu verstehen und zu üben. Die CD kann sowohl im Unterricht als auch zu Hause verwendet werden.

Auszüge aus den CDs können Sie auf unserer Homepage unter www.vns.at anhören.

Zum spielerischen **Üben** und Vertiefen des Gelernten **am Computer** gibt es zu jedem Band eine **CD-ROM**.

Faxen oder schicken Sie bitte die ausgefüllte und unterschriebene Bestellkarte an den Verlag, rufen Sie uns an oder senden Sie ein E-Mail.

Adresse: VNS – Verlag Neues Schulbuch · Spittelauer Lände 13/6 · 1090 Wien

Telefonnummer: 01-504 26 72-13

E-Mail: office@vns.at

Fax-Bestellnummer: 01-504 26 72-15

Hiermit bestelle ich mit Rechnung:

Audio-CD zum Lehrbuch

____ Expl. **CD Detto fatto 1 (CD-Nr. 121084)***

____ Expl. **CD Detto fatto 2 (CD-Nr. 125093)***

____ Expl. **CD Detto fatto 3 (CD-Nr. 130147) ab 2007***

***) € 22,10** + Porto und Verpackung

Computer-CD-ROM zum Üben

_____ Expl. **CD-ROM Detto fatto 1 (CD-Nr. 130711)****

_____ Expl. **CD-ROM Detto fatto 2 (CD-Nr. 130811)****

_____ Expl. **CD-ROM Detto fatto 3 ab 2008****

****) € 12,80** + Porto und Verpackung

Für alle Angebote gilt: Preisänderungen vorbehalten

Bei Fax-Bestellungen: Bitte geben Sie Ihren Namen und Ihre Adresse an:

Name:

____

____

Adresse:

____

____

Datum und Unterschrift:

____

____

(bei Minderjährigen des Erziehungsberechtigten)

Absender:

Name:

Adresse:

Bitte in Ihrer Buchhandlung abgeben
oder an den Verlag senden.

Bitte ausreichend frankieren

An den

Verlag Neues Schulbuch
Spittelauer Lände 13/6
1090 Wien

Parole

il commercio
il prodotto
la vendita (promozionale)
la scelta
il consumo
il consumatore
l'esportazione
l'industria
il turismo
la pubblicità
lo slogan (pubblicitario)
il manifesto (pubblicitario)
l'imitazione
il mercato (del falso)
il cliente

il prodotto firmato
il design
lo stile
la moda
il modo di vestirsi
l'abbigliamento
il modello
il gusto
il sapore
il profumo

i pregi
il vantaggio
lo svantaggio
la seduzione
l'eliminazione
il voto
il sondaggio

il cotone (di cotone)
il rame
l'ottone
l'acciaio
il legno
la plastica
la pelle
la lana
il vetro
il metallo
l'argento
l'oro

i mobili
l'arredamento
gli accessori (casalinghi)
gli elettrodomestici
il giocattolo (elettronico)
la lavatrice
la lavastoviglie
l' aspirapolvere
il frullatore
il bollitore
la macchina del caffè
i gioielli
gli attrezzi cucina/bagno
il motorino
la moto

morbido
classico
efficace
elegante
raffinato
utile
ricco
povero
stravagante
comodo
robusto
utile
robusto
estivo / autunnale /
invernale / primaverile

autentico
biologico
genuino
naturale
maturo
gustoso
digeribile
croccante
tradizionale
fresco
sano

lanciare un prodotto
convincere
sedurre
resistere
acquistare
apprezzare
comprare
aumentare
diminuire
guadagnare
costare
spendere
risparmiare
ritirare soldi
prendere 1000 al mese
pagare l'affitto
essere pronto (a fare)
fare dei sacrifici
avere (soldi) a disposizione
evitare
sbagliare
arrangiarsi

il bancomat
la mancia
il risparmio
lo stipendio (alto/basso)
la tasse
le spese (quotidiane)
i debiti
il costo di vita
il conto in banca
il libretto di risparmi
la carta di credito/bancomat

la corrispondenza
la ditta
l'offerta
l'ordine
l'allegato
la spedizione
il campione
il reclamo

dà fastidio
non ce la faccio ad arrivare a fine mese
Tu ce l'hai un conto in banca? No, non ce l'ho.

crescere

maggiorenne mammone bambino borsa di studio
libertà servizio civile conflitto 16 anni
offerta di lavoro autonomia volontariato viaggiare
occupazione amore liceo classico
responsabilità concorsi
pagare l'affitto studiare Riforma Moratti valori
estero amici lavorare
formazione
educazione disoccupazione competizione

1

A **In cosa consiste l'essere autonomi e autosufficienti?**
Segna con una crocetta le frasi che secondo te sono valide.
Poi discutine con un compagno.
Aggiungete altre frasi.

occuparsi della propria biancheria, saper usare una lavatrice e un ferro da stiro	
andare regolarmente a fare la spesa, avere sempre delle provviste in casa	
saper fare bene da mangiare, prepararsi almeno un pasto al giorno	
saper fare le pulizie e tenere la casa in ordine	
guadagnare abbastanza soldi per pagarsi le spese della vita quotidiana	
saper reagire in modo responsabile in caso di una malattia	
saper risolvere da soli una questione burocratica	

B Fate delle "domande alle foto".

12 **C** **Ascolta e completa.**
Poi formula le domande corrispondenti alle risposte che leggi (ascolti).

➜
Direi che mi trovo abbastanza bene a casa mia perché ho dei genitori tolleranti e comprensivi, però ci sono anche .... miei due fratelli con cui non vado sempre d'accordo.

➜
Normalmente devo solo occuparmi delle mie cose, ... della mia stanza, dei miei oggetti personali. I miei ci hanno educato a rispettare le zone comuni dell'appartamento, a non fare disordine in salotto o in cucina, a lasciare il bagno a posto dopo .... abbiamo fatto la doccia. Per quello che riguarda la mia stanza sono abbastanza libero di tenerla come piace a me, di metterla in ordine quando .... ho voglia io. Però devo portare fuori la spazzatura e raccogliere la biancheria sporca.

➜
Certamente quando mi chiedono .... aiutarli a fare una certa cosa lo faccio, ma non capita molto spesso. Logicamente quando partiamo in vacanza carichiamo la macchina tutti insieme. Quando ero più piccolo a volte guadagnavo .... soldo lavando le finestre. Adesso non lo faccio più.

➜
La mia intenzione è di andarmene appena possibile. Vorrei andare a stare con .... amici, dividermi un alloggio con loro. Non mi piace l'idea di essere tutto solo. Quello che m'interessa è fare delle esperienze prima di sistemarmi definitivamente.

➜
Chiaramente, essendo un ragazzo italiano con una mamma molto gentile, mi sento molto legato a lei ma anche a mio padre. Però mi .... conto che l'importante per me è fare la mia strada, e prendere le distanze dai propri genitori è necessario per diventare autonomi. So che anche loro la vedono così, ... non mi preoccupo molto. Che male c'è a essere un mammone?

D **Adesso rispondi tu alle domande di C che hai formulato.**
Il risultato deve essere un testo coerente sulla tua situazione personale.

E **Diventare adulti**
Fate un dibattito in classe. Lavorate in piccoli gruppi. Designate un moderatore per ogni gruppo. Alla fine il moderatore riferisce in plenum gli argomenti predominanti nel proprio gruppo. Una persona si può considerare adulta quando ...

- ✔ ha diciotto anni
- ✔ ha la patente
- ✔ ha un lavoro
- ✔ ha un diploma o una laurea
- ✔ ha un figlio
- ✔ vive da solo/a
- ✔ non chiede più consiglio ai genitori
- ✔ non chiede più soldi ai genitori
- ✔ è autosufficiente, si pulisce la casa, si fa da mangiare, si lava i calzini

F Commentate il grafico: ragazzi che vivono con i genitori per fasce d'età

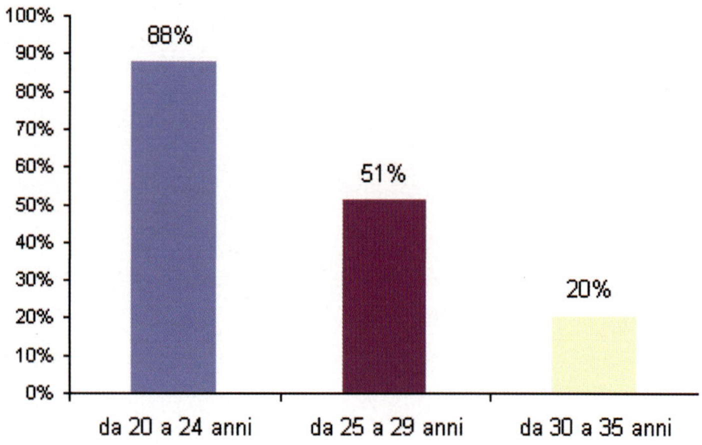

(da:http://www.italiadonna.it)

G Cosa pensano i genitori

Ma i genitori cosa pensano di questa situazione? Come vivono l'ingombrante presenza dei figli che proprio non se ne vogliono andare? Come mai si rivelano così protettivi e permissivi con la loro prole? Il 59% delle mamme e il 51% dei papà pensano che l'abbandono della loro casa non comporterebbe grossi cambiamenti di stile di vita, né per loro né per i figli. Inoltre, rimanere "soli" in una casa "vuota", a rivivere un rapporto senza la mediazione di figure esterne alla coppia fa paura al 49% dei genitori.

Dalla ricerca emerge, a ben guardare, una situazione paritaria di scambio reciproco. La convivenza con i genitori va bene ai figli, che hanno innegabili vantaggi di tipo pratico - economico, senza dover rinunciare per questo alla loro vita privata vissuta in piena autonomia, ma va bene anche ai genitori, che hanno in cambio di assistenza pratica (bucati, pranzi, pulizia varia, pagamento delle bollette, ecc.) la possibilità di continuare a fare i genitori di figli conviventi, la possibilità, cioè, di mantenersi "giovani" grazie a questo impegno giornaliero. In più con i figli per casa, si sa, la coppia mantiene punti di unione, che forse perderebbe ritrovandosi sola.

Paura di crescere da una parte e paura di invecchiare dall'altra?

Il problema sostanziale evidenziato dagli studi sociologici, è la mancanza di omogeneità fra le tappe della crescita biologica e quelle della crescita sociale, ma queste non sono altro che una convenzione, che può essere mutata se serve a migliorare la qualità della nostra vita.

E se la cosa funziona, qual è il problema?

Maria Rosaria Porfido

(adattato da: www.italiadonna.it)

Lavorate a coppie. Dite una frase a turno, vince chi dice l'ultima frase. Vietato ripetersi. Fate quattro turni:

- vantaggi della convivenza per i genitori
- vantaggi della convivenza per i figli
- svantaggi della convivenza per i genitori
- svantaggi della convivenza per i figli

2 A Fate un lavoro di gruppo sul lessico di questo testo.

Ognuno prepara una frase, la traduce con l'aiuto del dizionario, poi la spiega agli altri.

L'approvazione del Consiglio dei ministri
Scuola dell'obbligo, minimo 12 anni

Gradualmente entro il 2007. Sì anche all'alternanza scuola-lavoro per corsi di formazione e istruzione professionale

ROMA - Il Consiglio dei ministri ha approvato due decreti legislativi in attuazione della riforma del sistema scolastico: il nuovo obbligo scolastico e formativo e l'alternanza scuola-lavoro. Lo ha annunciato il ministro dell'Istruzione Letizia Moratti. «L'innalzamento dell'obbligo scolastico porterà a una diminuzione della dispersione scolastica», ha detto Letizia Moratti. «Nel mondo del lavoro i ragazzi troveranno posti più qualificati e meglio remunerati».

Gli anni di scuola obbligatori diventeranno dodici, dai nove attuali, e comunque fino al conseguimento di un titolo di studio entro il diciottesimo anno di età dello studente. «Il secondo provvedimento approvato, che riguarda l'alternanza scuola-lavoro, porterà i ragazzi a essere protagonisti nel proprio percorso e consentirà loro di fare scelte consapevoli». Già 90 mila ragazzi stanno frequentando corsi di formazione e istruzione professionali. A questi si aggiungono i 30 mila ragazzi che grazie all'innalzamento dell'obbligo scolastico si inseriranno nei percorsi di istruzione. Il percorso dell'innalzamento dell'obbligo scolastico sarà graduale. Quest'anno sarà da nove a dieci (con un investimento di 16 milioni di euro), nel 2006 da dieci a undici (con 25 milioni di euro) e nell'anno successivo a dodici.

(da: *Il Corriere della Sera*, marzo 2005)

Quali sono le due novità più importanti della nuova legge?

B Siete dei giornalisti a una conferenza stampa.

Fate tante domande sulla scuola.

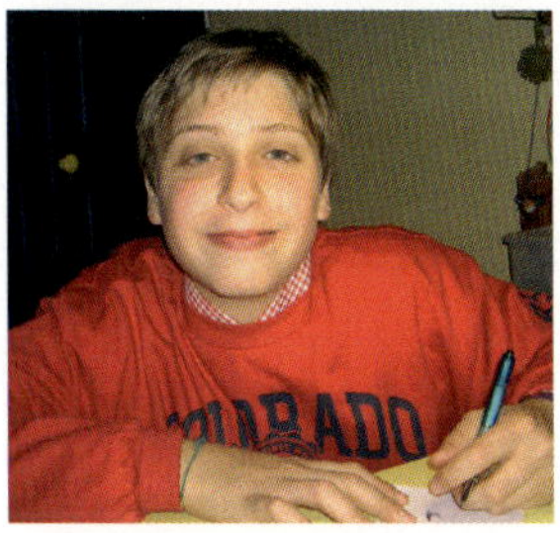

strutture? didattica? lingue? analfabetismo? studio Pisa? contratti degli insegnanti? incarico dei presidi? materiale? scienze naturali? creatività? psicologia? gite scolastiche? ...

C Scegli un argomento e commentalo in una lettera a un giornale.

- L'alternanza scuola – lavoro è un'ottima idea.
- Andare a scuola fino a 16 anni è sufficiente.
- È importantissimo per lo sviluppo personale avere un periodo in cui ci si concentra sullo studio e sullo sviluppo di una cultura generale.
- *Informatica, inglese, impresa:* le tre I sono le protagoniste della scuola moderna.

3 A Leggi il testo seguente

Che cosa è il servizio civile volontario?
Con il servizio civile volontario, i giovani hanno la possibilità di dedicare un anno in aiuto di bambini, giovani e anziani o di impegnarsi in attività sociali, culturali e ambientali che potranno contribuire alla loro formazione personale e professionale.

Chi può prestare un anno di servizio volontario?
Il servizio civile volontario è aperto indistintamente a tutti i ragazzi tra i 18 e i 28 anni.
Possono partecipare alla selezione i giovani che:
- **hanno tra 18 e 28 anni**
- **sono cittadini italiani**
- **godono dei diritti civili e politici**
- **sono senza precedenti penali**
- **sono fisicamente adatti al servizio che intendono fare**

Come partecipare?
I giovani scelgono personalmente tra vari progetti come e dove svolgere l'anno di servizio civile. Questi progetti vengono proposti da organizzazioni che sono inserite nell'albo nazionale dell'Ufficio Nazionale per il Servizio Civile.

Quanto si guadagna?
I volontari ricevono **un compenso mensile netto di 433,80 euro.** E' possibile svolgere il servizio anche **all'estero**, ricevendo 15 euro al giorno oltre i 433,80 mensili fissi che ogni volontario riceve. I volontari di servizio civile hanno diritto a 20 giorni di vacanza.

Ci sono altri vantaggi e benefici?
Durante quest'anno di servizio, i volontari godono **dell'assistenza sanitaria nazionale.**
L'anno di servizio civile volontario può valere come **credito formativo** nell'ambito dell'istruzione o della formazione professionale.
Anche le Università degli studi possono riconoscere crediti formativi per attività formative prestate nel corso del servizio.

(adattato da www.provincia.bz.it)

Dopo la lettura, usa le frasi seguenti per costruire un riassunto del testo.

Correggile se non sono giuste. Mettile in un ordine logico. Aggiungi le informazioni più importanti che hai trovato nel testo.

→ Chi fa il servizio civile volontario non guadagna niente.
Chi fa il servizio civile volontario guadagna 433, 80€ al mese.
→ Solo i maschi possono fare il servizio civile.
→ Ci sono molte possibilità per fare il servizio civile.
→ Non è possibile fare vacanze durante il servizio civile.
→ I ragazzi italiani possono anche fare il servizio civile all'estero.
→ Anche gli stranieri possono fare il servizio civile in Italia.

B Commentate.

→ Che possibilità hanno i giovani in Italia?
→ Com'è la situazione in Austria?
→ Se sei un maschio: farai il servizio militare o civile?
→ Che tipo di servizio civile ti piacerebbe fare?

→ Secondo voi, anche le **femmine** dovrebbero fare il servizio civile?

4 **A** Angela Randazzo

Leggi bene il curriculum e ricorda più informazioni possibili.

Nata a Palermo il 24.7.1964

Laureata in Lingue e Letterature straniere con voti 110/110 e lode
Laureata in Scienze dell'Educazione presso l'Università degli studi di Palermo con voti 110/110 e lode
Abilitata all'insegnamento delle lingue inglese e francese dal Ministero della Pubblica Istruzione Italiano.

Certificazioni :
- First Certificate of Cambridge (Grade A) University of Cambridge
- Etablissement d'enseignement supérieur della Fondation Post Universitaire di Parigi
- C.R.A.I.E.Centro di ricerca e aggiornamento per l'innovazione educativa;
- O.P.P.I.Organizzazione per la preparazione professionale degli insegnanti;
- I.R.R.S.A.E.Istituto Regionale di ricerca, sperimentazione e aggiornamento educativi;
- TELEMACOAssociazione culturale per l'educazione e l'animazione alla lettura.

Altre esperienze:
Leader per la EF Scuola Europea di vacanze e Educational Language Agency L.t.d. di Londra;
Interprete per il Centro Indagini Peritali presso New Scotland Yard, Londra.

Conoscenze informatiche: sistemi operativi DOS e WINDOWS, programmi W 95, 98 e 2000, NT; Internet Explorer e Netscape Navigator.

E' disponibile full time.

B Fate un gioco di ruolo.

Uno fa la direttrice di una scuola di lingue dove Angela si presenta a un colloquio di assunzione. L'altro fa Angela. Usate esattamente le informazioni contenute nel testo.

C Quale potrebbe essere Angela Randazzo?

Inventa un'identità per le altre due donne.

D Scrivi il tuo curriculum (valido adesso).

Poi stila il curriculum che vorresti potere scrivere fra dieci anni.

E Professioni nell'UE. Conosci i termini corrispondenti in tedesco?

Quali lavori vengono considerati tipicamente maschili o femminili?
In quale paese europeo ti piacerebbe fare uno di questi lavori?

- → architetto
- → assistente sociale
- → avvocato
- → biologo
- → chimico
- → consulente in proprietà industriali
- → dottore agronomo
- → dottore commercialista
- → dottore forestale
- → esperto di pianificazione territoriale
- → farmacista
- → geologo
- → giornalista
- → infermiere
- → ingegnere
- → operatore turistico
- → ostetrica
- → professionista del pubblico impiego
- → professore
- → psicologo
- → ricercatore universitario
- → tecnico sanitario
- → terapista della riabilitazione
- → veterinario

F Pensa a una persona concreta che fa uno dei lavori elencati sopra.

Presentala in plenum.
Descrivila e parla del modo in cui pratica la sua professione.
Quali sono i vantaggi del suo lavoro?
E gli svantaggi?

Che lavoro potrebbe essere quello della ragazza sulla foto?

5 **A** Leggi il testo.

Innamorarsi in chat

Dietro una tastiera e un video, i cuori si aprono e si lasciano conquistare, superando ogni timidezza. Ne parlano i ragazzi dell'Istituto Ruggero Settimo di Caltanissetta

Non vola: naviga. Non spara frecce: preferisce il mouse. Usa un nickname e fa nascere amori: è Internet il nuovo Cupido.

Sono sempre più numerosi gli appuntamenti e i nuovi amori nati nelle chat e i cuori si affidano al cyber spazio per trovare l'altra metà. Le ultime ricerche parlano di otto milioni di americani che hanno trovato (o almeno tentato di trovare) un partner in Rete, mentre non si calcolano più i "chattari" colpiti da una folgorante passione per le chiacchiere on-line.

Trincerati dietro ad una tastiera e ad un video, tutti si scoprono seduttori e sognatori. I cuori si aprono e si lasciano conquistare, superando ogni timidezza.

Ma si può realmente credere nell'amore virtuale?

Per quel che mi riguarda, mi capita di chattare... Mi diverto a chiacchierare e scambiare qualche opinione... Con qualcuno ho addirittura instaurato ottimi rapporti di amicizia; ma non condivido però, chi comincia a chiedere numeri di telefono o appuntamenti. Nella società in cui viviamo non è facile fidarsi degli incontri fatti in Rete!

C'è chi dice di chattare per cercare la donna o l'uomo della sua vita. Secondo me, si comporta così soltanto per seguire l'ennesima moda: crede che sbandierare il fatto di essersi innamorati in chat sia molto trendy.

Io non credo che basti un buon monitor per instaurare una relazione a tutti gli effetti. Come può essere completo un dialogo fatto solo di schermo e tastiera? Non bastano solo le parole. Tutti i sensi devono contribuire alla nascita di un rapporto. Una relazione seria è fatta anche di contatto e di sguardi.

L'amore via Internet non può essere credibile, perché avviene tra personaggi "costruiti", non reali. I dialoghi in chat sono senza inibizioni, ma manca sempre il fattore istintivo, il coinvolgimento dei sensi. Si rischia di innamorarsi solo razionalmente, in una dimensione troppo parziale dell'amore tra due persone.

Due cuori e un computer, uniti nel sogno di internet: utopia o realtà? A voi la parola.

(da: www.lafragola.kataweb.it)

Rispondi alle seguenti domande sul testo:

- Come comincia e come si sviluppa un'amicizia via Internet?
- Quali comportamenti sono tipici del *chattomane*?
- Che conseguenze può avere l'amore via rete?

Fa una ricerca sul lessico del computer e sul mondo di Internet.
Quali altri termini (inglesi e non) riesci a trovare?

B

SESSUALITA' ON - LINE

ehi, come va?! tutto bene o... qualcosa ti ronza in testa?... i tuoi amici parlano di cose che non conosci, il tuo partner ti fa domande a cui non sai rispondere?...

ad esempio: ...c'è un'età giusta per fare sesso? e se mi chiedono di farlo e non mi sento pronta?... cos'è la contraccezione? ...e quali sono i metodi? insomma, vorresti saperne di più?!

se hai bisogno di aiuto, di una persona esperta che dia risposta alle tue curiosità, prova a parlarne con noi

come ti chiami puoi dircelo o no, noi ti risponderemo lo stesso, siamo un gruppo di operatori (psicologi, ginecologi, ostetriche, dietiste) a tua disposizione per rispondere con linguaggio semplice e chiaro, devi solo riempire il FORM che trovi qui sotto e cliccare su INVIA, avrai presto una risposta a tutti i tuoi dubbi!

(da: www.segnalidifumo.it)

ama,dillo

il rapporto sessuale
un semplice bacio
i sintomi di gravidanza
avere un rapporto a rischio
rimanere incinta
mettere incinta
assumere la pillola come contraccettivo
le mestruazioni
il ciclo
con/senza preservativo (profilattico)
abortire (interrompere la gravidanza)
il metodo contraccettivo
l'orientamento sessuale
trasmettere un virus
la ginecologa
il test di gravidanza
la pillola del giorno dopo
perdere la verginità

Lavorate a copie.
Secondo voi quali sono le domande che spesso vengono fatte al forum?
Scrivete una possibile lista FAQ.
Usate le parole elencate sopra.

13 **C** **Ascolta.**
Metti in ordine (1-5) gli oggetti che si riferiscono ai cinque brani della storia.
Poi continua a raccontare.

D Leggi i testi.

1 Sempre legato alla prima cotta (Alice)

Di notte ti sogno,
di giorno ti penso
a volte ti scrivo
e quando ti vedo …
non riesco a descrivere
cosa succede.
Ogni momento
in cui mi guardi
mi sembra d'impazzire:
non riesco a dire niente,
mi fa paura
guardarti negli occhi
perché penso tu possa capire…
Però tutte le sere
continuo a ripetere:
"Domani mi metto con lui!"
e sempre ci casco
nella mia convinzione,
non lo devo più fare!
Ma adesso è sera ancora una volta
e ancora una volta
mi permetto di sognare:
"Domani certo,
gli darò un bacio"
non frenate
i miei pensieri bambini
"La speranza
È sempre l'ultima a morire!"
ed è giusto così!
(Luglio 1995)

2 L'amore passa (Stefano Benni)

Scusami,
ho usato
la nostra canzone
per una nuova
relazione

3 Ti amo baby (Roberto Antoni)

Debbo farlo
ma come dirlo
dovresti capirlo
Io ti amo
…
Sono quel che sono
e mi sento buono
anche da lontano
Io ti amo
…
Lo dico piano
e mi sento strano
a stringerti la mano
Io ti amo
…
Ti amo baby
Ti amo baby

4 "Ce la fai a venire a prendermi a scuola?"

"All'una? Sì, credo di sì."
"Intendevo all'entrata."
Silenzio. "A che ora sarebbe?"
"Otto e dieci."
"Ma perché si va a scuola all'alba? E poi che facciamo?"
"Ma non lo so, fuggiamo…" Babi non crede quasi alle sue orecchie. Fuggiamo. Dev'essere impazzita.
"Va bene facciamo questa follia. Alle otto a scuola tua. Spero solo di svegliarmi."
"Sarà difficile, vero?"
"Abbastanza." (Tre metri sopra il cielo)

Chiamiamoli Alice, Stefano, Roberto e Babi.
Trova un motto che esprima cosa significa per loro l'amore.

6

A **Leggi i testi e rispondi alle domande.**

Cosa possono permettersi questi giovani? A cosa devono rinunciare?
Che soluzioni trovano al problema dei soldi che non bastano?
Leggi il testo.

Paghetta? Con l'euro non basta più

Gli adolescenti si lamentano: dal cinema alla benzina per il motorino, gli svaghi costano troppo.

Mariella, liceale dello scientifico Marconi, ha deciso di limitare sms e telefonate per ridurre la spesa del cellulare, e scaricare musica da Internet per non comprare i costosi cd. E' facile spendere soldi nel week end - spiega - dieci euro al pub (a volte sostituito dal più economico ristorante cinese) e quindici euro per l'entrata in discoteca, poi c'è il cinema della domenica. Una spesa che arriva a novanta euro al mese.

14 **B** **Ascolta gli altri ragazzi e segna cosa dicono.**

	Alice	Filippo	Matteo
per cosa spendono? 			
a cosa rinunciano?			
che lavoretti fanno?			

C **Parlate delle vostre attività, delle vostre spese.**

Fate un calcolo: quanti soldi avete a disposizione in media in un mese?
Per cosa spendete i vostri soldi?
Da dove vengono i soldi che avete a disposizione?
In che cosa sono cambiate le vostre abitudini nel corso degli ultimi anni?

7 **A** Vestire.

Per facilitare la comprensione del testo non facile, le parole chiave sono stampate in **grassetto**. Cerca di collegarle in modo da riassumere il contenuto del testo in poche frasi.

Vestirsi giovani? Da strada

Una pedina mossa a favore dell' '**essere**', a scapito del '**sembrare**': nell'abbigliamento i giovani si dimostrano sempre più **anticonformisti**, rifiutano di seguire il 'vangelo' dettato dalle **mode** del momento e si lanciano verso qualcosa che valorizzi maggiormente la **personalità** e il 'modo di essere'. E le nuove generazioni (almeno nelle frange più alternative) si servono sempre **meno** nei **negozi tradizionali.** Due i punti di riferimento, entrambi in galleria Kennedy. Con The Block entra in gioco la **semplicità**, la voglia di essere 'veri' in una realtà che poco spazio lascia alla sostanza e troppo ne regala alla forma. Il modo di vestire sembra quasi una **filosofia di vita**. Spiega il proprietario Michele Pizzaleo: «Non definirei questo modo di vestire trendy o alternativo, il termine che riesce a render meglio il concetto è '**streetwear**' (abbigliamento da strada), giunto a noi dall'America. Nemmeno oltreoceano si tratta di una moda, ma di un modo di vestire che accomuna milioni di persone nella **quotidianità**. Impiegati, dirigenti, operai... all'uscita dal lavoro sentono tutti il bisogno di vestirsi più 'casual'. Carhartt è la marca maggiormente richiesta, e vede **importazioni** dall'America di felpe, jeans, t-shirts...». Quindi via libera ai **gusti personali** che rispecchino il più possibile il vivere quotidiano. Ma c'è anche chi decide di sondare fra le varie **etnie**, vestendosi con **singolari stoffe** dipinte a mano e ornate di scintillanti pietruzze. Collanine di conchiglie portafortuna, borsette prodotte artigianalmente in corda, paglia o tela (importate da India, Indonesia, Bali e molti altri paesi), cappellini coloratissimi e borsellini appartenenti a chissà quali mondi lontani. Il tutto delicatamente profumato con incensi e fragranze di oli essenziali, per risvegliare l'energia della mente. E' sufficiente recarsi al Viper di Vanessa Carazza, per fare un tuffo nelle fantasie dei popoli e uscire dai soliti schemi. Poi, come spesso accade, indumenti e oggettistica di questo genere si possono trovare anche in semplici **bancarelle**, come quella che ha ormai guadagnato posto fisso in piazza Stradivari durante i giorni di mercato. (clara bertuzzi) 19/6/2002

(da:http://www.cremonaonline.it)

→ Effettua una ricerca in Internet per capire di quale città si tratta nell'articolo.

B Prepara un'intervista da fare a qualcuno sull'argomento della moda.

Quali sono secondo te gli aspetti importanti riguardo il vestirsi?

C Lavora con il dizionario.

Scopri il campo semantico della parola "moda".

Confronta con il tedesco o altre lingue.

Trova una definizione tua personale della parola.

La moda è quello che io non mi posso permettere.

8

A Leggi e commenta i testi. Cosa hanno in comune le due ragazze?

Non mi accetto
la mia famiglia mi vuole bene, non mi fa mancare niente, ho un ragazzo stupendo da un anno..però non accetto il mio fisico... delle volte ho fatto settimane a mangiare solo due yogurt al giorno e tantissimo allenamento fisico, poi la fame mi prendeva e ritornavo a mangiare...voglio dimagrire...poi vedo com'è felice una mia amica che ha avuto problemi di anoressia, è stata in ospedale, l'hanno curata e adesso però è magra felice, si vede bella...io voglio dimagrire, non dico tanto, ma almeno 3 kili...proprio non mi ci vedo così, non vivo bene...

Essere come le altre
ciao, sono una ragazza di 15 anni, sono alta 160 e peso 63kg. A scuola, in giro, vedo tutte ragazze magre e sto male perché io ho la pancia e le cosce che loro non hanno. Il problema è che io non piaccio a me stessa, proprio no! So che ci sono persone più grasse di me e che poverine non hanno ragazzo e amici. Io non sono tra loro perché (non per vantarmene) piaccio molto, ho molti amici e un ragazzo da due anni. Ho provato con una dieta ma a fine settimana ho mollato, poi mangiavo abbastanza sopratutto carboidrati poiché la sera andavo a correre, ma anche lì ho mollato. Ora sono un po' di giorni che non mangio e se mangio mi metto due dita in gola e vomito. Mi sembra la soluzione ideale anche perché quando mangio sto davvero male (moralmente). Cavolo, pretendo troppo se voglio mettere anche io quelle minigonne o quelle magliettine attillate??? Voglio anch'io essere magra o almeno normale.

(da: spaziogiovani)

B Cosa conta di più nella vita? Fai una classifica.

piacere a se stessi
essere ottimisti e aperti
essere vestiti alla moda
avere un amico molto stretto
andare bene a scuola
avere una famiglia simpatica
avere molti amici
avere una buona cultura generale
possedere oggetti di prestigio
divertirsi
non avere problemi
stare bene di salute

E per loro?

C Fate un gioco di ruolo tra Alessia Bianchi e sua madre.
Alessia Bianchi è una ragazza di 14 anni alta 158 che pesa 60 chili. Per lei non è un problema, ma sua madre è preoccupata.

L'impulso viene da un articolo su un giornale da cui la signora Bianchi ha ritagliato questa statistica.

I vizi degli italiani in percentuale
il 20,3 % fa della cena il pasto principale
il 17,9% pranza abitualmente fuori casa
il 25% consuma alcolici fuori pasto
il 38,4% non fa alcuna attività fisica
il 36% dei bambini è soprappeso:
è la percentuale più alta d'Europa

(da: *Specchio*, settembre 2003)

9 A Leggi le storie di questi ragazzi.

Quali sono i loro problemi? Come reagiscono? Tu cosa ne pensi?

Veronica: "Come la maggior parte delle persone ho iniziato a fumare gli spinelli all'età di 13 anni tanto per provare...vedevo che i miei amici si divertivano moltissimo, erano felici...perché non provare? Da qui è iniziato il mio percorso nel tunnel della droga e nemmeno me ne sono resa conto ..."

Michele: "Ciao, sono un ragazzo di 28 anni e volevo raccontare la mia esperienza. Ho vissuto negli ultimi 10 anni la mia tossicità da cannabinoidi pensando che quello che io stavo facendo fosse solo il giusto modo per rilassarmi e per divertirmi. Che non ci fosse niente di male nell'uscire la sera e farmi 2 canne in compagnia di amici, tanto pensavo: a me che mi cambia, domani comunque mi alzo vado a lavorare faccio una vita normale - non sono un drogato. Io mi fumo una canna mia madre si prende il Tavor ..."

Antonio: "Ciao!!! ho 17 anni e mezzo e abito in un paese abbastanza piccolo che non offre un granché ai giovani per divertirsi così il sabato sera io e i miei amici essendo contrari a qualsiasi tipo di droga spesso finiamo per bere un po' troppo. Durante la settimana non beviamo mai: fa male una sbronza a settimana?"

Giorgia: "Salve. Cercavo qualche notizia in merito ad una malattia da stanchezza cronica o meglio una sindrome, poiché comprende un insieme di sintomi. E' possibile averla e non saperlo? Io passo dei periodi in cui ho una stanchezza quasi invalidante, tipo se al pomeriggio non dormo un certo numero di ore letteralmente crollo. Premetto che sono una studentessa universitaria e pratico molto esercizio fisico. Ne ho parlato con il medico di famiglia ma non ci ha dato nessuna importanza, eppure a me fa stare male. Oppure ho dolori muscolari e pesantezza, come se il mio corpo fosse di legno: ho connesso tutto questo allo sforzo fisico ma ho un'età in cui lo sport non dovrebbe essere un problema. Sono demoralizzata da questa cosa anche perché nessuno sembra darvi importanza. In questo periodo per esempio starei a letto per gran parte della giornata se fosse per me: se lo faccio però la stanchezza aumenta anziché diminuire. Potete darmi un consiglio? Grazie."

(adattato da: www.drogaonline.it e spaziogiovani)

B Correre.

Lavorate sul campo semantico dei verbi di movimento nell'ambito sportivo.
Fate una raccolta di parole.

Cercate sul dizionario: che altre espressioni ci sono per "essere stanco"?

10 A Cos'è l'Inter-Rail?

Completa.

L'Inter-Rail è un..................... ferroviario, valido 22 o 30....................., che consente la libera circolazione all'interno delle zone per cui è stato emesso, sulle carrozze di..................... classe. Il biglietto ha validità da un giorno stabilito da chi lo compra e non dalla data d'acquisto.

L'Inter-Rail esiste dal 1972 e negli anni ha cambiato molte.....................: hanno purtroppo diviso il biglietto in zone (un tempo esisteva solo il globale!) ed hanno alzato moltissimo i....................., ma lo spirito di.....................è sempre lo stesso anche dopo 30.....................!

(adattato da: informagiovani-italia.com)

B Ostelli della gioventù

Completa il testo con le parole seguenti.

	che	tutta	scoprire	turismo	minimo	riservati
dove	ambiente	camerate	quasi	private	posti	comune

Lo spirito.....................anima gli ostelli della gioventù in .... Europa è quello di permettere a tutti di.....................nuovi posti incontrando un.....................giovane ed internazionale, spendendo veramente il.....................indispensabile. Si tratta infatti di alberghi prevalentemente ....ai giovani che offrono un posto.....................fare un bel sonno e rinfrescarsi in un.....................accogliente a prezzi politici. Gli ostelli sono specializzati in.....................fino a 20 letti ma ormai ....tutti hanno camere, che loro definiscono....................., da due a 4..................... I bagni sono in ...., e sono in camera quando riportano la desinenza en-suite.

→ Hai già fatto delle esperienze in questo campo?

→ Che tipo di viaggi preferisci?

→ Che programmi hai per le prossime vacanze estive?

Passo per passo	Klar!	Noch unsicher
Ich kann die Situation der Jugendlichen in Italien und Österreich beschreiben.		
Ich kann verschiedene Seiten und Probleme des Erwachsenwerdens darstellen.		
Ich kann ein Vorstellungsgespräch bewältigen.		
Ich kann meinen Lebenslauf schriftlich darstellen.		
Ich kann mich über die praktischen Aspekte des Wohnens unterhalten.		
Ich kann „Zivildienst" in Italien und Österreich vergleichen und kommentieren.		
Ich kann günstige Reiselösungen erklären.		

Parole

occuparsi di qualcosa
fare da mangiare
mettere in ordine
fare la spesa
fare pulizia
avere/prendere la patente

la borsa di studio
la formazione
la maturità
avere un diploma
una laurea
fare un soggiorno all'estero

la libertà
l'autonomia
essere autonomo
la responsabilità
il maggiorenne
diventare indipendente da
lo sviluppo personale
fare una scelta
scegliere
il servizio civile volontario
il volontariato
il curriculum professionale
il recapito

la droga
essere tossicodipendente
risolvere un problema

chiedere consiglio a qu
i rapporti
il conflitto
i valori
l'educazione
la convivenza
convivere con (convissuto)
trovarsi bene
la personalità

adulto
il mammone
tollerante
comprensivo
protettivo
permissivo
lo scambio reciproco

crescere
invecchiare

ingrassare
dimagrire (sono dimagrita)
pesare 60 chili
essere soprappeso
stare male
accettarsi
praticare sport
viaggiare
l'ostello della gioventù
l'obbligo scolastico

la legge
la riforma

la disoccupazione
l'offerta di lavoro
l'occupazione
trovare un posto
la competizione
il curriculum
la certificazione
il colloquio d'assunzione
la professione

potersi permettere qc
potersi permettere di + inf
pagare l'affitto
rinunciare a
fare dei lavoretti
la ricarica del cellulare
vestirsi bene
essere (anti)conformista

l'appuntamento
sognare qc/di fare qc
avere una cotta per qu
impazzire per
il rapporto sessuale
superare la timidezza
fuggire

superare i confini

1

A **L'Italia è un paese confinante all'Austria, tu studi l'italiano.**
Per questo t'interessa …

- ➜ conoscere la storia italiana
- ➜ andare spesso in Italia
- ➜ conoscere varie regioni italiane
- ➜ capire vari dialetti
- ➜ ascoltare musica italiana
- ➜ seguire la politica italiana
- ➜ seguire eventi sportivi italiani
- ➜ indossare moda italiana
- ➜ avere amici e conoscenti in Italia
- ➜ avere corrispondenti in Italia
- ➜ leggere giornali italiani
- ➜ guardare programmi italiani alla TV

Loro due, chi potrebbero essere?
Di cosa s'interessano?

Quali di questi interessi realizzi già?
Quali vorresti realizzare? Quando?

B **Forse avete qualche contatto con l'Italia o gli italiani.**
Cercate di raccogliere, tutti insieme, più informazioni possibili. Fate una raccolta di nomi, persone, indirizzi, organizzazioni etc. in Austria che hanno a che fare con la realtà italiana.
Avete una vicina di casa italiana? Conoscete qualcuno che frequenta un corso d'italiano? Sapete di una coppia mista?
Quanto siete vicini o lontani (d)alla realtà italiana?

C Per curiosità: sai rispondere a queste domande?

- ➜ Come si chiamano i passi più importanti tra l'Italia e l'Austria?
- ➜ Con quali regioni italiane confina l'Austria?
- ➜ Quali fiumi hanno in comune l'Austria e l'Italia?
- ➜ Come si chiamano le Alpi che collegano l'Italia con l'Austria?
- ➜ Quale regione del Centro Italia apparteneva a Maria Teresa d'Austria e a suo marito?
- ➜ Quali opere in italiano ha scritto Mozart?
- ➜ Da quale origine italiana derivano queste parole?
  palavern   Pamperletsch   rabiat   Papperl
- ➜ A quali piatti austriaci corrispondono queste specialità altoatesine?
  canederli   crauti   gnocchetti
- ➜ Come si chiama in italiano il fiume *Etsch*?
- ➜ In quale città italiana si fa una cotoletta che assomiglia al *Wiener Schnitzel*?

---

2 A

Un'esperienza indimenticabile

Nel settembre 2001 siamo andati per una settimana a Treviso, dove siamo stati accolti nelle famiglie dei ragazzi di due classi del **Liceo Canova**. Poi, in aprile, i nostri colleghi sono venuti qui da noi.
Alla partenza per la nostra avventura in una famiglia sconosciuta eravamo molto eccitati e anche, per dire il vero, nervosissimi.
Ma le giornate sono state molto interessanti, perché abbiamo imparato diverse cose sulla vita quotidiana dei nostri amici italiani con cui abbiamo parlato molto. Eravamo molto curiosi.

La mattina andavamo a scuola, e qui abbiamo scoperto, per esempio, che in Italia, a differenza dell'Austria, non esiste nelle scuole superiori la Musica come materia scolastica. **Lavoravamo in piccoli gruppi, 2 italiani e 2 austriaci.** Questa pratica rende più facile la **comprensione** (soprattutto quando si trattava di testi e temi difficili da svolgere) e si può imparare di più. Abbiamo parlato di diversi temi, p.e. sulla storia di Treviso e di Venezia con i suoi monumenti più importanti. Poi abbiamo fatto anche dei giochi per **conoscerci meglio**. Una mattina abbiamo realizzato insieme dei **cartelloni** sulla città che poi abbiamo portato con noi a Klagenfurt. I nostri compagni italiani ci hanno anche mostrato in piccoli gruppi la loro città. Durante due gite abbiamo visitato Burano, Murano e Torcello, e anche naturalmente Venezia, studiando con dei ragazzi del posto la cultura della loro regione.

Il pomeriggio sportivo ha anche migliorato la **socializzazione** e la **comprensione reciproca**. Di sera siamo usciti spesso e abbiamo parlato molto della nostra situazione a scuola e a casa **scambiandoci** le nostre esperienze. In quell'occasione abbiamo appreso molte cose sul carattere degli altri e ci siamo divertiti tantissimo.
L'ultima sera abbiamo organizzato una **festa d'addio** in presenza dei genitori, dove abbiamo cantato e suonato insieme. Gli italiani ci hanno regalato medaglie come segno della loro **amicizia**. Anche i genitori erano entusiasti.

È stato molto triste partire, ma già in aprile ci siamo **incontrati** di nuovo, questa volta a Klagenfurt.
Come già a Treviso abbiamo **lavorato in gruppi misti**, questa volta con temi diversi, p.e. sui metodi d'insegnamento e di valutazione nelle nostre scuole. In quest'occasione abbiamo anche constatato che gli italiani devono studiare più di noi. È stato molto divertente scrivere insieme un testo ironico con delle espressioni figurate.

Un giorno abbiamo interpretato diverse scene tratte dal "Faust" di Goethe, e anche gli italiani hanno preso parte alla recita con gran divertimento di tutti. Sentire che anche loro hanno dei problemi con frasi molto difficili è stata una consolazione per noi. Durante le gite in autobus a Salisburgo e in diversi posti in Carinzia abbiamo avuto occasione di divertirci molto. Alla fine abbiamo avuto un'altra volta un **incontro** sportivo che ha contribuito ancora di più a migliorare il **rapporto** con gli italiani.

Dopo questa **competizione** è cominciata la **festa** finale in presenza dei genitori e degli insegnanti. Abbiamo preparato una messa in scena di "Chicchibio" di Boccaccio per mostrare la nostra conoscenza dell'italiano. Dopo un balletto delle nostre ragazze e i testi divertenti scritti dagli italiani, austriaci e italiani hanno cantato e suonato, in parte insieme. Ciò ha mostrato che la musica è la stessa per tutti noi.

Abbiamo riso e pianto quando sono partiti. Era molto tranquilla la classe, quando sono partiti i nostri ospiti, e anche strano a casa, da soli...

Le differenze esistono.
Il cibo: In Austria si mangia più carne che in Italia, dove si mangiano più panini e pasta. Poi gli orari non sono gli stessi. Noi mangiamo prima. A colazione mangiamo di più.
Lingua: Naturalmente abbiamo due lingue diverse. Ma spesso parliamo in dialetto e questo rende difficile la comprensione. Ma dopo aver usato le mani e i piedi (e l'inglese) tutto era chiaro. Per esempio boh, che significa non lo so, non era comprensibile per noi. Anche la velocità nel parlare è stata un problema. E anche quando mi sembrava che la mia famiglia ospitante a Treviso litigasse, mi sono spaventata solo all'inizio. Parlavano solo ad alta voce.
Famiglia: A Treviso la famiglia ha più importanza che in Austria. Lo hanno notato molti di noi. I membri della famiglia mangiano sempre insieme, la domenica vengono anche i nonni e gli zii. Tutti sembrano più legati.
Lo sport: Lo sport è molto importante in Italia. Ogni giorno inizia con uno dei vari giornali sportivi (che in Austria non esistono). Soprattutto la Formula Uno e il calcio sono gli sport preferiti. Anche agli austriaci piace il gioco con il pallone, ma la gente è molto meno entusiasta. In modo simile ci comportiamo forse con lo sci (dove siamo più bravi).
Emozioni: Benché ci siano delle differenze fra studenti italiani e austriaci, siamo tutti ragazzi con gli stessi problemi, a cui piace la stessa musica, che hanno gli stessi desideri per il futuro. Quindi ci siamo divertiti molto insieme. Resta per noi una grande esperienza indimenticabile. Non ne abbiamo approfittato solo culturalmente, abbiamo trovato anche nuovi amici **superando confini e pregiudizi.**

La classe 7A del BG/ BRG Mössingerstraße A - 9020 Klagenfurt
e-mail : office@bgmoess-klu.ac.at

(adattato da: www.tolerance.kataweb.it)

→ In cosa consisteva il programma dello scambio?
→ In che modo i ragazzi austriaci hanno potuto fare conoscenza degli italiani?
→ Come hanno reagito i ragazzi austriaci alla loro "avventura italiana"?

In Italia le scuole portano spesso il nome di un personaggio importante. Trovate nomi tipici di scuole italiane. Fate una ricerca sui personaggi che vi interessano. Chi era Antonio Canova?

B Pregiudizi e stereotipi

ordinati, belli, seri, musicali, caotici, creativi, esperti dell'arte dell'arrangiarsi, pessimisti, critici, gentili, chiassoni, scortesi, colti, mangioni, grandi bevitori, sportivi, corrotti, romantici, eleganti, affascinanti, ottimisti, in gamba, amanti dell'arte e della cultura, appassionati di calcio, tranquilli, ...

Gruppo A
Come sono gli italiani? Gli austriaci pensano che ...

Gruppo B
Come sono gli austriaci? Gli italiani credono che ...

Fate un gioco a quattro gruppi. Due gruppi fanno A, due fanno B. A gioca contro B.
Fate una lista di pregiudizi. Poi confrontate.
Per ogni pregiudizio uguale o molto simile prendete un punto.
Per ogni frase grammaticalmente perfetta c'è un punto in più.
Vince chi ha più punti.

C Dolci differenze

Fate una ricerca sui dolci in Italia e in Austria.
Prima definite i termini raccolti nella casella.
Poi rispondete alle domande.

torta	dolce	tiramisù	petit four	paste	cassata
millefoglie	biscotti	Kaiserschmarrn	macedonia	profiteroles	
pezzo di torta	biscotti di Natale	Mohnnudeln	plum cake		
sbrisolona	colomba	"coniglio di Pasqua"			

- ➔ Cosa si compra in Italia nelle pasticcerie?
- ➔ E in Austria? Cosa si consuma sul posto?
- ➔ Che abitudini hanno le famiglie? Cosa si prepara in casa in Italia e in Austria?
- ➔ Cosa direbbero a Roma di un bel *Grießschmarren*?
- ➔ Come si direbbe in italiano *Naschkatze*?

3 A Austria: infinite possibilità di trascorrere una vacanza indimenticabile!

Mettete le parole al posto giusto.

Concerto di Capodanno	Danubio	gare sportive internazionali
l'acqua	centri di benessere	montagne
paese della musica	piste ciclabili	

- Le .... austriache sono un vero paradiso per gli escursionisti.
- L'Austria offre .... per tutti i gusti, per esempio quella lungo il Danubio.
- L'Austria è il ....: Mozart, Strauss, Haydn, Bruckner, Schubert sono alcuni dei grandi musicisti austriaci. Tutto l'anno ci sono festival e appuntamenti musicali.
- Vienna ogni anno ospita il ...., trasmesso in tutto il mondo; inoltre decine di balli, aperti anche ai turisti rendono il Carnevale Viennese unico e inimitabile.
- L'Austria ha ospitato due edizioni dei giochi olimpici, campionati mondiali e molte altre ....
- In Austria ci sono più di 100 .... e moltissimi alberghi che offrono soggiorni all'insegna di salute e bellezza.
- In Austria non c'è il mare ma non manca ....
Il .... è il secondo fiume più lungo d'Europa! Milioni di laghi, fiumi e torrenti vi aspettano con le loro acque fresche e pulite per praticare il vostro sport preferito: nuoto, vela, windsurf, canyoning, rafting o...prendere il sole sulle spiagge.

il lago	il castello e il parco
la Ferrovia	la regione (2x)

- I centri storici di Vienna, Salisburgo e Graz sono Patrimoni culturali dell'Unesco, così come .... del Semmering, ... di Schönbrunn, ...della Wachau lungo il Danubio, ... Hallstatt-Dachstein e .... Neusiedl.

del ferro	del vino	del legno	del sale	dei castelli

- L'Austria è ricca di itinerari romantici e poco conosciuti come la strada romantica tra Salisburgo e Vienna, l'itinerario .... nella Stiria e nel Burgenland, quella .... nella zona dell'Oberes Murtal in Stiria, la strada .... che va da Salzkammergut al Mühlviertel in Alta Austria, la strada .... nell'Alta Austria e nella Stiria, e le numerose strade .... nell'Austria orientale.

B Turismo in Austria in cifre

Che intuito avete sul turismo in Austria? Fate il quiz.

1. A che posizione sono gli italiani di tutti i pernottamenti di stranieri in Austria?
   ○ 5° ○ 1° ○ 10°
2. In che tipo di alberghi pernotta il maggior numero d'italiani?
   ○ alberghi 4/5 stelle ○ alberghi 3 stelle ○ campeggio
3. In quale regione pernotta il maggior numero di italiani?
   ○ Vienna ○ Tirolo ○ Carinzia
4. In che stagione vanno più in Austria gli Italiani?
   ○ primavera ○ estate ○ inverno
5. In che mese ci sono più pernottamenti?
   ○ gennaio ○ agosto ○ luglio
6. Quanto dura in media un soggiorno?
   ○ 2,8 giorni ○ una settimana ○ 15 giorni

(da: Meldestatistik der Statistik Österreich)

C Secondo te, quali parti dell'Austria preferiscono gli italiani?

Metti le regioni austriache nell'ordine della loro attrattività.

il Salisburghese · la Carinzia · l'Alta Austria · la Bassa Austria · il Vorarlberg · la Stiria · Vienna · il Tirolo · il Burgenland

15 D Le invasioni barbariche degli italiani in Austria.

Cosa succede qui? Ascolta e rispondi.

4 A **Intervista**

Prendi note e poi riassumi il contenuto dell'intervista.

B **Famiglie internazionali**

- ➔ Conosci delle famiglie con genitori di diverse nazionalità?
- ➔ Che lingua parlano tra di loro?
- ➔ Come comunicano con i figli?
- ➔ Cosa pensi dei genitori che parlano una lingua straniera con i figli pur di dare loro una "educazione bilingue"?

---

5 A **Confrontate frase per frase la traduzione dell'articolo.**

Commentate insieme: cosa avete notato?

SPRACHEN

Schulen lehren an der Wirtschaft vorbei

Ostsprachen sind in heimischen Betrieben gefragter als Französisch.

WIEN (jue). Der Sprachenunterricht an Österreichs Schulen geht am Bedarf im Berufsleben vorbei. Das geht aus einer Studie über Fremdsprachen-Bedarf und Kompetenzen in Unternehmen hervor, die das Institut für Bildungsforschung der Wirtschaft (ibw) gestern in Wien vorstellte.

Ein Drittel der österreichischen Betriebe braucht Mitarbeiter, die Italienisch beherrschen. Nach Englisch ist Italienisch damit die am häufigsten gebrauchte Sprache in der Wirtschaft. „Das ist auch für uns überraschend," sagt die Autorin der Studie Sabine Archan. Auch weil der Französischunterricht in der Schule höhere Priorität hat. Italien ist aber Österreichs wichtigster nichtdeutschsprachiger Handelspartner. Die Bildungspolitik sollte die Bedürfnisse der Wirtschaft stärker berücksichtigen, meint die Studienautorin. Denn 85 von 100 Mitarbeitern erwerben ihre Sprachkenntnisse in der Schule.

(da: *Die Presse* marzo 2006)

LINGUE

Le scuole non insegnano quello di cui l'economia ha bisogno

Le lingue dell'est sono più richieste del francese nelle aziende del nostro paese.

Vienna. L'insegnamento delle lingue nelle scuole austriache non corrisponde alle necessità del mondo del lavoro. Ecco cosa emerge da uno studio sul fabbisogno delle lingue e delle competenze che ha presentato ieri a Vienna l'ibw,
istituto per la ricerca sulle qualificazioni e la formazione dell'economia austriaca.
Un terzo delle aziende austriache ha bisogno di collaboratori che parlino l'italiano. Questo significa che l'italiano, dopo l'inglese, è la lingua più richiesta dalla nostra economia. "Questo ha sorpreso anche noi," dice Sabine Archan, l'autrice dello studio. Anche perché l'insegnamento del francese ha maggiore priorità a scuola. Però l'Italia è il partner commerciale non germanofono più importante. L'autrice dello studio trova che la politica dell'istruzione dovrebbe prendere di più in considerazione i bisogni dell'economia. Non dimentichiamo che 85 su 100 collaboratori acquisiscono le loro conoscenze delle lingue straniere a scuola.

Di quali lingue ha bisogno il mondo del lavoro?
Per quali motivi i ragazzi scelgono di studiare l'italiano?
Perché è importante studiare le lingue a scuola?

B Trasforma in un grafico (italiano) le informazioni contenute nel testo.

- → Cosa è difficile per un italiano?
- → Quali sono le difficoltà per gli austriaci?
- → Trovi più facile scrivere o parlare?
- → Cosa facilita l'apprendimento delle lingue?
- → Che differenze ci sono per i ragazzi austriaci nell'apprendimento dell'inglese e dell'italiano?
- → Tu saresti disposto/a a imparare una lingua dell'est?
- → Ti piacerebbe fare l'interprete o il traduttore?

▸ **Gutes Sprechen zählt mehr** als Lesen und Schreiben: 42 Prozent sagen, dass es von den Mitarbeitern „sehr häufig" gefordert wird, 28 Prozent meinen, das sei „eher häufig" der Fall. Beim **Lesen** beträgt das Verhältnis 31 zu 29, beim **Schreiben** 20 zu 33 Prozent. Entscheidend sind die Fremdsprachenkenntnisse vor allem im **direkten Kontakt** (34 zu 26), **am Telefon** (33 zu 26) und **im Schriftverkehr** (30 zu 27 Prozent).
▸ Wer Fremdsprachen beherrscht, hat auch **bei Bewerbungen** die besseren Chancen: 50 Prozent der Befragten gaben an, neue Mitarbeiter „(fast) immer" oder „häufig" auch nach diesem Kriterium auszuwählen.

6

A

Europa, Unione europea, ampliamento ... espressioni che ascoltiamo quotidianamente. Ma sappiamo cosa significano?
L'Europa è un continente con più di quaranta paesi diversi e un crogiolo di usi, costumi, lingue, abitudini di vita e storie diverse.
Sei stati dell'Europa occidentale si sono uniti nel 1951 per dare vita alla Comunità europea. Ma ci sono voluti cinquant'anni per arrivare ai risultati di oggi. E ancor oggi l'Unione europea è un'organizzazione viva in continuo stato di trasformazione.
I venticinque stati membri dell'Unione europea hanno scopi e ideali comuni nonostante le loro diverse culture. Vogliono vivere in pace, giocare un ruolo importante nella politica mondiale e migliorare le loro condizioni di vita e di lavoro.
Insieme questi scopi possono essere raggiunti più facilmente che da soli: per questo i venticinque stati hanno concluso accordi, firmato trattati e creato istituzioni comuni.
Anche altri stati desiderano entrare a far parte di questa organizzazione per poterne godere i vantaggi e condividere le sicurezze che derivano dalla partecipazione all'Unione europea. (da: www.retecivica.trieste.it)

Traduci questo testo in tedesco.
Poi spiega in due frasi in italiano cos'è l'Unione Europea.

B **Conosci il significato di queste sigle?**
Completa le definizioni e abbinale alle sigle!

UE	__ OLITICA __ GRICOLA __ OMUNE
EFTA	COMUNITÀ EUROPEA DEL __ ARBONE E DELL'ACCIAIO
CE	__ NFO __ OINT EUROPA
CECA	UNIONE EUROPEA
CEE	UFFICIO EUROPEO DI POLIZIA
CEEA	__ RGANIZZAZIONE __ONDIALE DEL COMMERCIO
IPE	__ ANCA __ ENTRALE EUROPEA
OMC	WORLD TRADE ORGANISATION
EUROPOL	__ OMUNITÀ EUROPEA
BCE	COMUNITÀ __ CONOMICA __ UROPEA
WTO	EUROPEAN __ REE __ RADE __ SSOCIATION
PAC	COMUNITÀ EUROPEA PER L'__ NERGIA __TOMICA

7 A

Gli investimenti italiani in Austria: alcune case-histories di successo

Vienna, settembre 2002 - I **rapporti economici** tra Italia e Austria stanno diventando sempre più importanti. Nonostante la recessione economica mondiale, un elevato numero di **aziende italiane** tra cui Fiat, Generali, Merloni, Pirelli e Autostrade, continuano a dimostrare la propria fiducia verso **l'Austria come *business location***, strategicamente ideale per **l'espansione** verso il Centro ed Est Europa.

Le **esportazioni** italiane in Austria hanno raggiunto quest'anno i 5,6 miliardi di Euro, **crescendo** del 5,31% rispetto al 2000, facendo del nostro paese uno tra i principali **partner commerciali** dell'Austria.

L'industria alimentare rappresenta uno dei principali **settori chiave** per gli **investimenti italiani** in Austria. In questi giorni Parmalat, maggior **produttore mondiale** di latte Uht, ha stretto un accordo commerciale con la Nöm (principale gruppo lattiero-caseario austriaco). Nei primi mesi del 2002 Barilla ha aperto una **filiale** in Austria con compiti di controllo diretto su tutta la **distribuzione** austriaca. Nel 2001 Lavazza, maggior distributore di caffè espresso in Austria, ha inaugurato a Vienna un moderno Training Center. Segafredo, ha in Austria il proprio **quartier generale** per i paesi dell'Est Europa quali Ungheria, Repubblica Ceca, Croazia e Slovenia.

Anche nel **settore della ristorazione** sono di recente stati fatti forti investimenti. All'interno di un progetto di espansione a livello europeo, infatti, la società Autogrill ha previsto lo **stanziamento** di 22 milioni di Euro e **l'impiego** di 400 persone per l'ampliamento delle stazioni Autogrill in tutto il paese austriaco.

Nel **settore automotive**, Fiat ha recentemente pianificato investimenti per 10 milioni di Euro, in un **progetto** che prevede l'apertura di un nuovo training center a Vienna.

La società Autostrade ha recentemente siglato a Vienna un **contratto** decennale con la Asfinag (ente austriaco per la gestione del sistema stradale ed autostradale) per la realizzazione e **gestione** di un sistema di telepedaggio per i mezzi pesanti sulla rete austriaca.

Trampolino di lancio per il Centro ed Est Europa (CEE)

Un fattore chiave che spiega e favorisce gli investimenti italiani in Austria è costituito dalla sua **posizione strategica** che funge da **collegamento per i mercati** del Centro ed Est Europa.

Perché l'Austria come *business location*

In questi ultimi anni gli investitori internazionali hanno dimostrato una sempre crescente **fiducia** nei confronti dell'Austria, che, come dimostra il World Competitiveness Yearbook 2002, risulta essere **leader mondiale** per la **qualità della vita**, per la **sicurezza** dei cittadini, con un **basso tasso di criminalità** e per le ottime **infrastrutture** energetiche e sanitarie.

Tra i tanti fattori di valutazione per la scelta dell'Austria come business location, vi sono l'elevata qualificazione dei dipendenti dovuta all'**ottimo sistema scolastico**, le diverse agevolazioni fiscali, il basso tasso di disoccupazione e la **motivazione** dei dipendenti.

adattato da: www.marketpress.net

- ➔ Fa' un elenco dei grandi nomi italiani presenti nell'economia austriaca.
- ➔ Hai mai avuto a che fare con queste marche?
- ➔ In cosa potrebbe esserti utile la tua conoscenza dell'italiano in questo contesto economico?

B Trasforma questo testo in un'intervista.

Austria – Italia: una storia di successo senza confini

In Europa, l'Italia si è affermata come **consumatore di legno austriaco** in continua crescita. Grazie al grande territorio boschivo – il 47 % ca. della superficie austriaca è ricoperta di boschi – alla vicinanza geografica e ad un'industria del legno altamente sviluppata, l'Austria ha raggiunto una posizione privilegiata tra i fornitori dell'Italia. In Italia si è riscoperto l'abitare sotto tetto e questa tendenza comporta un maggiore utilizzo di un tetto in legno 'a vista'. Per questo motivo molte aziende commerciali italiane si sono trasformate in competenti e moderne imprese di costruzioni in legno.
Una crescente attenzione per l'ambiente e la necessità di risparmio energetico fanno del legno un materiale edile sempre più interessante.

(adattato da: www.promolegno.com)

C Trova nel testo tutte le parole che esprimono qualcosa di positivo.

Vendita on line

Camerette, Armadi, Letti, Accessori.

Dal 1992, anno in cui è stata fondata l'azienda, ci occupiamo della produzione di mobili in pino ed in maniera particolare di camere. Da uno stile prettamente rustico, nel corso di questi anni abbiamo ampiamente migliorato il prodotto rendendolo più consono alle esigenze dell'abitare moderno senza però rinunciare all'accogliente calore che il legno emana. Abbiamo "dipinto" le nostre camere con colori molto caldi ed abbiamo ottenuto un prodotto che da anni molti cercano di imitare senza però riuscire ad infondere al legno il calore delle tinte create esclusivamente per noi. La bellezza del legno, dei nodi, delle venature deve essere compresa sino in fondo. Le tavole di legno di prima scelta sono accuratamente selezionate, stagionate ed essiccate per garantire stabilità nel tempo e mantenere alto il valore dell'investimento.

(adattato da: www.dominoitalia.it)

D Scrivi un testo intitolato: la mia lunga vita, autobiografia di una scrivania

Una scrivania racconta la sua storia: radici austriache, emigrazione in Italia, ritorno in patria. Chi incontra? Che amici trova, che esperienze fa?

Altri titoli: ***Le avventure di una macchina chiamata Fiata***
Un pezzo di parmigiano osserva la vita di una famiglia austriaca

8 **A** **Leggi le informazioni sul lavoro di una/un ragazza/o alla pari.**
Quali dei requisiti adempiresti? Quale delle modalità sceglieresti e perché?

Requisiti

I requisiti essenziali sono:
- età compresa tra i 17 e i 30 anni
- essere nubile o celibe
- amare i bambini ed avere facilità
- nel relazionarsi con loro

Tra i requisiti consigliabili ricordiamo:
- conoscenza elementare della lingua italiana o di quella inglese
- sono gradite le non fumatrici
- diploma di scuola media superiore

Modalità di collaborazione
Esistono diversi modi di prestare la collaborazione alla pari e la ricompensa settimanale varia in base al tipo di impegno assunto.

DEMI PAIR: Collaborazione in famiglia per 5 giorni alla settimana. 3 ore al giorno: lavori domestici e cura dei bambini; 2 sere di baby sitting; tempo libero al mattino o al pomeriggio; 2 giorni liberi e 3 sere libere.
DEMI PAIR PLUS: Collaborazione in famiglia per 5 giorni alla settimana. 4 ore al giorno: lavori domestici e cura dei bambini; 2 sere di baby sitting; tempo libero al mattino o al pomeriggio; 2 giorni liberi e 3 sere libere.
AU PAIR: Collaborazione in famiglia per 6 giorni alla settimana. 5 ore al giorno: lavori domestici e cura dei bambini; 3 sere di baby sitting; tempo libero al mattino o al pomeriggio; un giorno libero e 3 sere libere.
AU PAIR PLUS: Collaborazione in famiglia per 6 giorni alla settimana. 5 ore al giorno e alcuni giorni 7-8 ore: lavori domestici e cura dei bambini; 3 sere di baby sitting; tempo libero 4-5 pomeriggi e 3-4 sere e un giorno libero.
MOTHER'S HELP: Collaborazione in famiglia per 7-8 ore al giorno: lavori domestici e cura dei bambini; 2-3 sere di baby sitting; un giorno e mezzo libero; 3-5 sere libere.

(adattato da: www.comune.torino.it)

→ Trasforma in tabella le informazioni sulle modalità di collaborazione.
→ Fa un catalogo di consigli da dare a una persona che deve cominciare il servizio.
→ Scrivi una pagina di diario di una ragazza austriaca alla pari in Italia.
→ Scrivi una serie di messaggini scambiati tra due ragazze alla pari.

B **Inventate dei giochi di ruolo basati sulle foto.**

9 **A**

Turisti non per caso

Ogni estate giornali e tv si lamentano del calo dei turisti in Italia. Ma il costo di alberghi e ristoranti e il servizio spesso scadente spiegano molte cose.

Da qualche anno all'inizio dell'estate i giornali dedicano titoli di prima pagina alla drastica diminuzione dei turisti nel Bel Paese. Ormai è un tormentone: italiani e turisti si lamentano per i prezzi alti, albergatori e operatori si disperano perché i turisti non arrivano.
Ma perché sempre più turisti fuggono dall'Italia, nonostante le sue bellezze? Perché le attrazioni su cui lo stivale punta da tempo si trovano, a prezzi molto più convenienti, anche negli altri paesi del Mediterraneo. La Tunisia e il Marocco, la Croazia e la Turchia hanno investito in impianti turistici moderni e, come sul Mar Rosso, i pacchetti vacanze sono economici, e per giunta il servizio è buono. In Italia il rapporto qualità prezzo sembra essere peggiorato. Certi operatori hanno semplicemente "sostituito" i prezzi in lire con quelli in euro!
Quindi: attenzione alle brutte sorprese.
In un bar di Ostia una mia conoscente ha pagato nove euro per un cappuccino e un cornetto. Altra scena: Roma, pranzo con amici in un "ristorante tipico" vicino al Pantheon. Alla fine del pasto ordinano tutti una porzione di frutta (prezzo sul menu: 4 euro): una fetta di ananas. Ma sul conto, alla voce dessert, trovano il prezzo raddoppiato. Risposta del cameriere alla domanda di spiegazione: "Ma signorina, era ananas, mica frutta normale".
Capita spesso di vedersi dare "per errore" un resto minore, o di trovare sul conto cibi e bevande che non si sono consumati. Di recente una coppia di anziani, che sapeva solo qualche frase d'italiano, è andata in Puglia. Arrivati a Taranto, i due hanno trovato un albergo, si sono informati sul prezzo e hanno preso la stanza. Il mattino dopo alla reception hanno avuto un'amara sorpresa: il prezzo indicato – peraltro caro – era "per letto" e non per la camera.
Insomma, il tanto lamentato calo delle presenze dei turisti si deve alle prepotenze arbitrarie di poche "pecore nere" del ramo. Tra i tanti stranieri che visitano l'Italia, gli austriaci e i tedeschi sono una specie di barometro dell'economia: infatti da quando le "offerte" di vacanze hanno smesso di essere convenienti, sono stati i primi a boicottarle.
Per le famiglie, una vacanza in Italia – paese notoriamente amico dei bambini – è diventata quasi proibitiva: mentre in tanti altri posti i bambini al seguito viaggiano gratis, qui molti alberghi non hanno alcun riguardo per chi si porta i figli e fanno pagare cara anche una semplice culla.
Infine, c'è poco da rallegrarsi anche per la qualità delle acque di molte spiagge. Dopo un fine settimana al mare, il figlio di una coppia di miei amici è finito in ospedale per una salmonellosi contratta facendo il bagno in acque sporche.

(adattato da: www.internazionale.it)

Quali sono i problemi che si presentano ai turisti in Italia?
Tu personalmente hai mai fatto esperienze di questo tipo?

B **Fate un gioco di ruolo a gruppi.**

Due famiglie, una italiana e l'altra austriaca, s'incontrano in un albergo a Venezia. Ambedue conoscono sia l'Italia che l'Austria. Si raccontano dei loro viaggi e delle loro preferenze. Naturalmente commentano anche l'albergo in cui sono alloggiati.

10

A

Separa l'uno dall'altro i campi semantici relativi al viaggiare in treno e in aereo.
Quali parole appartengono sia all'uno che all'altro campo?

agenzia di viaggi   arrivi   atterrare   bagagli   banco   biglietto
binario   capotreno   carta d'imbarco   check-in   coincidenza
compagnia aerea   controllo di sicurezza   controllo passaporti
decollare   deposito bagagli   deragliamento   dogana
equipaggio   hostess   macchinista   noleggio macchine
oggetti rinvenuti   partenze   passeggero   pilota   pista   precipitare
prenotazione   riconsegna bagagli   ritardi   servizi igienici
sportello   tariffa   uscita   valigia   stazione   volo

B

Leggi e interpreta i testi. Che problemi hanno gli Italiani?
Spiega i giochi di parole stampati in grassetto. Confronta con l'Austria: che esperienze si fanno in questo paese?

Disagi e disservizi treni, odissee infinite

È ridicolo parlare di treni superveloci ed alta tecnologia: per il modo disumano con il quale vengono trattati i passeggeri, per le frequenti presenze di topi, zecche ecc. ecc., per la lunghezza dei viaggi (senza riscaldamento e/o sostentamento, senza informazioni, con ritardi non più di ore ma di giorni – cfr. Zurigo - Lecce del 6.1. 06 arrivato l'8.1. 06) e via dicendo, sarebbe **più giusto dire TrenoèItalia invece di Trenitalia.**

Un gruppo di pendolari che da tempo subisce molti disagi dovuti al cattivo funzionamento dei treni italiani ha fondato un'iniziativa: un sito Internet, un forum, dove con molta ironia e sarcasmo vengono denunciati i problemi. Questi pendolari si sono dati il nome di "Il Pollo Nord". Ecco la loro definizione di questo "animale": "Spennato, stivato, congelato o arrostito e puntualmente consegnato in ritardo. Tutti i giorni. È il Pollo Nord, **l'unico animale da cortile che le becca sempre senza aprire mai il becco**."
Il calvario corre sul binario: I viaggiatori hanno l'impressione che su Trenitalia nessuno abbia un minimo interesse per il suo lavoro e si sforzi per migliorare la situazione. Tanto per fare un esempio, quasi mai, e certamente mai quando le carrozze sono piene, vengono controllati biglietti e abbonamenti, si dice, per paura di dovere rispondere a domande o reagire a critiche.
Perché tutte le sere il treno delle 18,23 da Cadorna per Camnago parte in ritardo? E pensare che è un treno che arriva dal deposito. Ieri sera è stato portato alla stazione alle 18,30, ha accumulato alla fine 25 minuti di ritardo (a Bovisio Masciago).

www. ilpendolare.com, www. ilpollonord.it

C

Scegli uno di questi servizi e fa una ricerca.
Come funziona in Italia? E in Austria?

- le poste
- le banche
- i supermercati
- la polizia
- le edicole
- i parcheggi pubblici
- le autostrade
- l'assistenza sanitaria

Passo per passo	Klar!	Noch unsicher
Ich kann einige Aspekte von Österreich und Italien vergleichen.		
Ich kann Italienisch und Deutsch gegenüberstellen und Übersetzungen vergleichen.		
Ich kann mich über einen au pair-Aufenthalt unterhalten.		
Ich kann touristische Highlights Österreichs beschreiben.		
Ich kann Probleme des Tourismus in Italien beschreiben.		
Ich kann über ein Schüleraustauschprogramm erzählen.		
Ich kann in einfachen Worten über die EU sprechen.		
Ich kann einige Handelsbeziehungen zwischen Österreich und Italien besprechen.		

Parole

la frontiera
i confini
il paese confinante
la guerra mondiale

avere nostalgia di qc/qu
essere curioso di fare qc
frequentare un corso

la pista ciclabile
il fiume
il torrente
il bosco
la ferrovia
il ferro
il vino
il legno
il castello

ricco di

fare il biglietto
i bagagli
il passaporto
l'agenzia di viaggi
prenotare un posto
il viaggio in treno
il passeggero
il pendolare
i disagi

l'incontro
il rapporto
la comprensione reciproca
la conoscenza di qc
lo scambio tra
la collaborazione tra

i pregiudizi
gli stereotipi
la somiglianza
simile
assomigliare a
la differenza
essere diverso da

l'economia
l'investimento
l'esportazione
il commercio
l'industria
l'azienda, l'impresa
la marca
il successo
il calo/la diminuzione

il membro
firmare un accordo
l'organizzazione

la brutta/amara sorpresa
l'attrazione

il turismo
la guida turistica
l'operatore turistico
l'animatrice
ospitare
il centro di benessere
pernottare
passare una settimana
il servizio
lamentarsi

la data d'arrivo
la data di partenza
prenotare
il pacchetto vacanze

il traduttore
la traduzione
tradurre
l'interprete

la ragazza alla pari

il Salisburghese
la Carinzia
l'Alta Austria
la Bassa Austria
il Vorarlberg
la Stiria
Vienna
il Tirolo
il Burgenland

essere una famiglia

1 **A** Vita di famiglia

Guardate le immagini. Parlatene. Inventate dialoghi e scenette.

B

La famiglia italiana

1 La struttura della famiglia degli ultimi trent'anni è molto diversa dal modello tradizionale della famiglia italiana. La famiglia moderna è composta dai genitori e da uno o due figli (raramente, almeno al Centro- e Nord-Italia, più di due), ed entrambi i genitori generalmente lavorano fuori casa.

2 La famiglia tradizionale, agricola e patriarcale, era invece molto numerosa e riuniva genitori, figli e nipoti sotto uno stesso tetto: era formata, insomma, da quelle che oggi sarebbero considerate più famiglie differenti. Gli uomini lavoravano, mentre le donne si occupavano della casa e dell'educazione dei figli.

3 L'Italia non è più, come una volta, un paese prevalentemente agricolo, ma è un paese industriale. Si è trasformato il paese e si è trasformata la famiglia. Però ci sono ancora abitudini e modi di pensare che legano la famiglia del passato a quella del presente.

4 In primo luogo, a livello della vita quotidiana, le famiglie italiane si riuniscono sempre, per almeno un pasto al giorno, intorno allo stesso tavolo. La cena è un momento di dialogo tra genitori e figli, uno dei pochi nei quali tutti i membri della famiglia hanno la possibilità di stare insieme.

5 In secondo luogo, pur essendo una famiglia nucleare, non è raro che uno dei nonni paterni o materni, specialmente se è rimasto vedovo o vedova, viva in casa con uno dei figli. Anche se non in casa, ad ogni modo, i nonni vivono generalmente nella stessa città di uno dei figli e sono oggetto delle cure dei familiari. Succede raramente, solo se proprio non possono dare loro assistenza, che i figli chiedano il ricovero dei genitori anziani in istituti (le cosiddette "Case di riposo").

6 Un altro elemento che lega ancora la famiglia italiana di oggi a quella del passato è lo stretto legame affettivo che rimane tra i suoi membri, anche quando questi hanno formato nuovi nuclei familiari. Gli italiani sono, per esempio, sempre pronti ad aiutare i loro parenti, specie nel campo del lavoro o nelle difficoltà economiche.

7 E anche se vivono lontano, i membri di uno stesso gruppo familiare cercano sempre di ritrovarsi tutti insieme in occasione delle feste religiose (Natale e Pasqua) o di quelle familiari (battesimi, prime comunioni, matrimoni).

8 Se confrontiamo, infine, la famiglia italiana con quella americana, emerge un'ultima caratteristica del modello italiano. E' molto comune che i figli vivano con i propri genitori molto più a lungo che negli altri paesi occidentali, spesso fino ai trenta/trentacinque anni. Prima di sposarsi e di iniziare una nuova famiglia, infatti, è normale, per un giovane italiano, continuare a vivere nella stessa casa dei genitori e dipendere economicamente da loro. (adattato da: Rai international online gennaio 2006)

Riassumi il testo in 5 frasi seguendo la traccia proposta:

1 + 2 Mentre la famiglia moderna ..., la famiglia tradizionale ...

3 La famiglia italiana si è trasformata perché ....

4 + 5 Ci sono comunque ancora degli aspetti tradizionali come

6 + 7 Inoltre è chiaro che ...e ...

8 Una grande differenza tra la famiglia in Italia e in altri paesi occidentali è che ....

Secondo te, com'era la famiglia sulla foto?

2

A Lessico famigliare

Lavorate a coppie, usate il dizionario.

→ Trovate la forma femminile dei termini seguenti

celibe .... il marito ....

lo scapolo .... il fratellastro ....

il patrigno .... il figliastro ....

il genero .... il suocero ....

→ Spiegate l'uso dei prefissi **ex-** e **bis-**
l'uso dei suffissi **-astro/a, -ino/a, -etto/a**

→ Chiarite il significato delle parole "zitella" e "single".
Confrontate i termini. Cosa dicono sulla società in cui viviamo?

→ Chiarite il significato dei termini:
figlio unico, primogenito, maggiore/minore, madrina, famiglia di fatto, coniuge, convivente, partner, fidanzato, compagno

B Espressioni con la parola "famiglia": spiegatele.

* metter su famiglia
* essere padre di famiglia
* confezione famiglia
* far le cose in famiglia
* lavare i panni sporchi in famiglia
* avere l'aria di famiglia
* riunione di famiglia

C Lavorate a coppie. Uno formula delle domande, l'altro risponde.

Che parola si usa per designare chi è sorella in quanto figlia dello stesso padre ma non della stessa madre o viceversa? (sorellastra)

A cosa si riferisce il termine parente d'acquisto? (parente non consanguineo)

Cosa significa l'espressione famiglia ricostituita? (una famiglia formata da marito e moglie con figli avuti da altri partner)

D Scrivi un testo intitolato:

Come è cambiata la mia famiglia nei due anni che sono stato via!

3

A Pochi figli per l'Italia.

Il tasso di natalità in Italia continua ad essere basso, troppo basso per compensare l'invecchiamento della popolazione. Le italiane oggi hanno una media di 1,26 figli a testa, mentre la media europea è dell'1,47%. La crescita riguarda soprattutto il Nord e il Centro mentre al Sud continua la diminuzione.

(da: Rapporto annuale Istat 2002)

Com'è la situazione in Austria? Informati.

B Leggi e poi riassumi in una tabella il contenuto del testo.

→ Scrivi una lettera al giornale di una giovane coppia delusa dei politici.

Torino, 15 aprile 2006 - Tra Berlusconi e Prodi a rimetterci è il bebè. La crisi dell'Italia spaccata in due dalle elezioni, il difficile equilibrio politico, fonte di stress e tensioni per gli italiani, non riguarda soltanto l'economia e l'immagine del paese all'estero: influenzerà anche le future nascite. Uno studio dell'Osservatorio del Centro ARTES di Torino, diretto dal dottor Alessandro Di Gregorio, condotto su 50 coppie tra i 25 e i 50 anni senza figli, mostra come lo stress e le tensioni post-elettorali rendano più difficile l'idea di avere dei figli.
Per il 72% delle coppie intervistate l'incertezza che pesa sul futuro del Paese frena la voglia di procreare. 27% dichiara di non voler metter al mondo un figlio per almeno un anno, il 24% almeno nei prossimi tre mesi. Ma quali sono le cause di un pessimismo così diffuso? Al primo posto la mancanza di sicurezza sul lavoro (34%), seguita a breve distanza dalla mancanza di sostegno economico (29%). Pesano poi sulla scelta il degrado della società (11%), il disinteresse della classe politica (10%), la mancanza di servizi per l'infanzia (7%), la mancanza di una casa di proprietà (3%). E per l'88% degli intervistati la situazione peggiorerà ancora. Solo per 9% di inguaribili ottimisti il prossimo governo, riuscirà a incentivare le nascite. Non che gli italiani non vogliano figli, anzi. 8 coppie su 10 desiderano avere un bambino, ma il 45% degli intervistati afferma che mancano le condizioni economiche e sociali per mettere al mondo un bebè e un buon 21% confessa di non poter realizzare questo sogno.

da: it.news.yahoo.com, aprile 2006

C Avere un figlio o no? Discutete.
Cosa significa avere un figlio?

→ realizzarsi
→ avere un erede
→ essere stressati
→ divertirsi e imparare cose nuove
→ stare molto all'aria aperta
→ dormire poco e male
→ non poter lavorare
→ conoscere persone diverse
→ avere una grande responsabilità
→ avere un sacco di spese
→ capire che senso ha la vita
→ avere molte preoccupazioni

4 **A**

NONNI BABY SITTER

Affettuosi e disponibili, meno severi di mamma e papà, sono loro la compagnia ideale per i bambini, di Angela Salin

Il congedo obbligatorio è finito. I sei mesi ulteriori offerti dalla legge sulla tutela della maternità sono passati. La mamma, se non ha deciso nel frattempo di lasciare il lavoro per dedicarsi totalmente al figlio, deve tornare al lavoro e allora nasce la domanda "E ora a chi lascio il bambino?". Le opzioni di solito sono il nido (l'assistenza non è "personalizzata" ma sicuramente i bambini sono in buone mani), una baby sitter (una soluzione che spesso richiede una lunga ricerca, ma che, una volta individuata la persona giusta, vi riserverà numerosi vantaggi), o i nonni.

Quando ci sono, spesso sono i primi a farsi avanti, felici di rendersi disponibili a prendersi cura del proprio nipotino. Una soluzione familiare questa che indubbiamente cancella molti problemi pratici e garantisce al bambino il massimo delle attenzioni e dell'affetto.

Se si ricorre ai nonni a tempo pieno è meglio rifletterci bene ed è importante che questa soluzione venga accettata da entrambi i genitori. Spesso mamma e papà si chiedono: "Lo vizieranno?", "il bambino non si attaccherà troppo a loro?", "Riconoscerà la nostra autorità?".

Non bisogna temere: l'affetto dei nonni e il loro rapporto col nipotino non potranno mai minacciare l'amore che vostro figlio ha per voi. Sono i genitori, e in particolare la mamma, le sue figure di riferimento più importanti. Lo ha imparato sin dai primi giorni di vita e non c'è nonno, anche il più amorevole, che possa intaccare questo "primato", che rimane dei genitori, anche se hanno meno tempo.

Bisogna essere sinceri, come faremmo senza di loro? I nonni infatti, in tempi di complicata gestione dell'organizzazione quotidiana tra casa, lavoro e famiglia, sono gli unici a garantire disponibilità piena per le emergenze improvvise, flessibilità di orari, straordinari, aiuto personalizzato e risparmio di soldi, destinati altrimenti a baby sitter o asilo.

I nonni, anche se deboli e pieni di acciacchi, sono insostituibili compagni per i più piccoli. Hanno ancora molto da dare e da insegnare e dispongono di una risorsa rarissima per i genitori e importantissima per il piccolo: il tempo.

Il bambino quando è con i nonni ha un ritmo di vita pacato, può essere ascoltato, chiacchierare e avere qualcuno con cui giocare; i nonni non hanno fretta, si adeguano ai ritmi del bambino e aspettano con calma il piccolo che si muove a piccoli passi, magari proprio come i loro.

(adattato da: www.guidagenitori.it)

Riassumi il testo, poi rispondi alle domande:

1. In che situazione si trova in Italia una donna con un neonato?
2. Per quali motivi i nonni sono una buona soluzione al problema della sistemazione di un bambino?
3. Il testo non parla dei possibili svantaggi di questa soluzione. Secondo te, quali potrebbero essere?
4. Tua madre lavora fuori casa? Lo ha sempre fatto? Se sì, chi si occupava di te quando eri (più) piccolo/a?
5. Avere figli: com'è la situazione in Austria dal punto di vista del lavoro e dei soldi?

B **Scegli una delle tre situazioni e scrivi una lettera al giornale.**

→ una signora circa settantenne si lamenta del fatto che sua figlia non si sposa e non la fa diventare nonna
→ una nonna racconta quanto è difficile al giorno d'oggi educare un nipote
→ un nonno si lamenta del fatto che sua moglie si occupa più del nipotino che di lui

---

5

A **Completa le frasi come ti piace.**

Puoi usare gli elementi proposti, ma puoi anche ignorarli. Scegli alcune delle frasi, trasformale in paragrafi, crea un testo originale.

normale – regolarmente – solo nei fine settimana – simpatico/a – un po' particolare – consistere di – importante – in Austria – divorziato/a – avere tempo – litigare – tutti i giorni – tradizionale – stressato/a – gentile – antipatico/a – molti soldi – almeno – al massimo –

1. La mia famiglia …
2. Vivo con …
3. Vedo mio/a …
4. (Non) siamo molto numerosi: …
5. Consumiamo insieme un pasto a …
6. I miei genitori …
7. Preferirei …
8. Se avessi … potrei …
9. Secondo me …
10. Quando sarò grande …

B **Leggete il testo, poi parlate di voi.**

Esiste la differenza d'età giusta tra il primo e il secondo figlio? Certi dicono che è meglio averli vicini: crescono insieme, hanno un rapporto stretto. È troppo stancante per i genitori, dicono gli altri. I bambini con pochi anni di differenza sono gelosi l'uno dell'altro, si considerano rivali, bisticciano sempre. Meglio farli con tre o quattro anni di differenza. Così si può dedicare più tempo sia al primo che al secondo. Però queste coppie di fratellini non giocano molto insieme, sono troppo diversi. Se poi il primo è un maschio e il secondo una femmina non avranno molto in comune. Se la prima è una femmina e il secondo un maschio lei vorrà fare da mamma al fratellino. E i figli unici? Si sentono soli? Sono egoisti e intolleranti? Sono felici e contenti perché non devono dividere mamma e papà con nessuno?

C **Inventa una situazione famigliare e descrivila (nomi, occupazione, abitudini alimentari, abitazione …)**

Appendi il tuo testo in classe e poi vai in giro a leggere le descrizioni delle altre famiglie. Infine scegli una famiglia da cui vorresti farti **adottare**.
Scrivi una **lettera** a questa famiglia, nella quale ti presenti e spieghi perché vorresti andare a stare con loro.

6 A *Telefono azzurro* è un'associazione che difende i diritti dei bambini.

Ben oltre il Centro Nazionale di Ascolto dell' 19696, Telefono Azzurro Onlus è oggi una associazione innovativa: ha investito nei progetti sperimentali della struttura Tetto Azzurro, dei Team d'Emergenza che intervengono nelle situazioni di gravi eventi che coinvolgano bambini e adolescenti; ha preso in carico la gestione del servizio telefonico nazionale per le emergenze dell'infanzia, il 114; interviene nelle scuole, nella formazione degli operatori; collabora con le Istituzioni per garantire in tutti gli ambiti il rispetto dei diritti dei bambini.

TELEFONO AZZURRO

Fate un'intervista a una collaboratrice di telefono azzurro
Basate le vostre domande sulle categorie qui elencate.
Secondo voi, quali sono i problemi più frequenti dei bambini?

- abuso fisico
- bisogno di parlare
- trascuratezza
- abuso sessuale
- difficoltà scolastiche
- problemi sentimentali
- problemi relazionali con estranei
- lutto recente
- fuga da casa
- intenzioni suicide
- sfruttamento di lavoro minorile
- gravidanza e/o interruzione volontaria
- separazione dei genitori
- problemi relazionali con i genitori
- abuso psicologico
- problemi relazionali con coetanei
- piccole paure
- senso di solitudine
- problemi legati alla sessualità
- uso alcolici dei genitori
- uso di stupefacenti
- difficoltà di apprendimento
- problemi conseguenti a un'adozione
- paura di abbandono
- prostituzione

(adattato da: www.telefono azzurro.it)

B Prova a digitare i termini *dramma (in) famiglia*, guarda cosa succede.

Libby, 10 anni: "Così si sopravvive al divorzio di mamma e papà"
LONDRA - A dieci anni reagisce al divorzio dei genitori scrivendo un manuale di sopravvivenza al trauma. E' il caso di Libby Rees, una ragazzina britannica che vedrà presto pubblicato il libro scritto all'indomani della separazione di mamma e papà. Tutto comincia tre anni e mezzo fa, quando - **dopo il dramma in famiglia** - la piccola decide di scrivere una lista di cose che la aiutano a dare un senso a quello che le sta accadendo. Poi confluite nelle sessanta pagine di *Help, Hope and Happiness*, che vedrà la luce per la casa editrice scozzese Aultbea Publishing.
Il libro offre alcuni consigli per superare il trauma: "Trovare un po' di tempo per stare da soli e rivedersi il film preferito o leggersi un libro", "pensare a qualcosa di divertente", "pensare positivo, guardandosi allo specchio e ripetendosi al mattino per 5 volte 'migliorerò ogni giorno di più, sto meglio ogni giorno che passa", oppure "porsi degli obiettivi che spaventano e provare a superarli". Come per esempio prendere in mano un ragno. E poi: eleggere ogni settimana una notte "Grazie a Dio è...", in cui fare il punto della situazione e migliorare le cose migliorabili. (adattato da: *Repubblica*, dicembre 2005)

→ Tu quali consigli daresti in questo caso?

7

A La scrittrice Dacia Maraini ha pubblicato un libro-intervista intitolato *Dizionarietto quotidiano*.
In questo libretto esprime le sue idee su argomenti elencati in ordine alfabetico.
Ecco cosa scrive sotto le voci "famiglia", "madre" e "padre".

FAMIGLIA
Si dice che la famiglia è in crisi, ma è vero e perché?
Io ci ho provato a mettere su famiglia: mi sono sposata, ho voluto un figlio; ma poi è andato male: il figlio è morto prima di nascere e il matrimonio, forse anche per questo, si è sfasciato. Non attribuirei comunque questo mio fallimento a una "crisi della famiglia", è una mia privata catastrofe e basta. Della famiglia in generale non so che pensare: mi sembra infelice.

MADRE
Sua madre Topazia Alliata com'è?
Una persona straordinaria: forte e generosa, piena di slancio e di allegria. C'era un periodo, quando ero bambina, che cercavo in tutti i modi di non crescere per non farla invecchiare. Era una cruccio disperato per cui non dormivo la notte.

PADRE
Lei parla spesso nei suoi libri di suo padre Fosco.
Sono stata una bambina innamorata del padre, come tante bambine. Il mio poi era un padre affascinante, molto giovane e bello, sempre assente. L'ho aspettato tanto e l'ho amato così, da lontano, desiderando che tornasse ma vedendolo molto poco.

(adattato da: D. Maraini, *Dizionarietto quotidiano*)

➜ Formula altre domande che faresti a Dacia Maraini.

B Hai voglia di scrivere un tuo dizionarietto personale?
Potresti scegliere come argomento la famiglia e definire le parole che hanno per te un significato particolare. (➜ *Portfolio*)

a - amore, b - basta!, c - compleanno, d - dormire, e - estero, f - felicità ...

C Cosa fa di più: una madre, cosa un padre?
Dividete le parole in due gruppi.
Poi confrontate e discutete insieme.

coccolare organizzare
pagare lavorare lodare
dare soldi difendere
mettere in ordine sgridare
parlare con i professori
informarsi sulle amicizie
fare attività insieme criticare
chiacchierare prestare soldi
cucinare fare l'autista

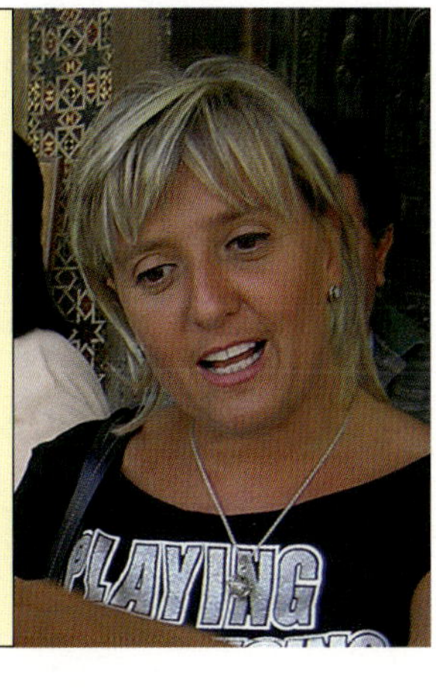

8

A Credi nel matrimonio?

Per alcuni è un'istituzione sacra, per altri è passato di moda. Un fatto è certo: sono ancora in molti a sposarsi, ma tante unioni consacrate si assopiscono o peggio finiscono in un divorzio. E tu da che parte stai? Ci credi?

- ○ Sì, è il giusto coronamento di una storia d'amore.
- ○ Sì, ma ognuno deve mantenere i suoi spazi.
- ○ Sì, tanto c'è sempre il divorzio.
- ○ Non so, dipende dai casi.
- ○ No, è una prigione: meglio la convivenza.

Fate un'inchiesta in classe. Analizzate i risultati.

B Metti queste dieci parole chiave nell'ordine che ti sembra più giusto.

Confronta con gli altri. Cosa conta nel matrimonio?

amore casa tolleranza fedeltà sesso romanticismo allegria figli sicurezza economica stabilità emotiva praticità quotidiana

C Forum degli studenti: sposarsi sì o no?

Fate un dibattito in classe. Tre ragazzi discutono.
Gli ascoltatori giudicano chi ha "vinto".

Preparatevi in anticipo
- ⊙ argomenti a favore
- ⊙ argomenti a sfavore
- ⊙ storie di coppie/di matrimoni che conoscete.

D Come si vedono le donne in relazione al matrimonio? Interpreta il grafico.

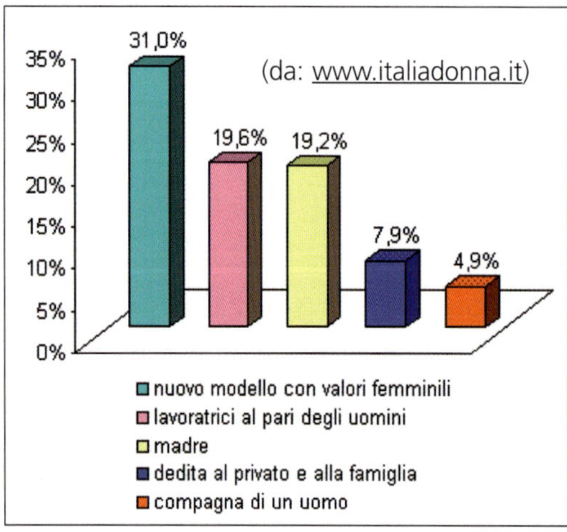

"L'amore è eterno finché dura."

Conosci altri modi di dire o proverbi sull'amore e sul matrimonio?

9 A Uomini e donne

In base a uno studio del *World Economic Forum* sulla **parità di trattamento** e di condizioni di vita (accesso all'istruzione, potere decisionale) tra uomo e donna, l'Italia si colloca al 40° posto su 53 paesi, dietro l'Argentina (38°) la Cina (37°) e la maggior parte dei paesi europei.

(da: www.pointovu.com)

In quali aspetti della vita si riflette questa classifica?
Conosci degli esempi concreti di donne che hanno (avuto) difficoltà a realizzarsi?

17 B Ascolta la biografia delle tre persone qui ritratte.

Individua i tre nomi.
Abbina le parole chiave qui raccolte ai tre personaggi.
Poi riassumi le tre biografie.

impegno sociale   figlio handicappato   romanzi autobiografici
ebrea di origine   padre comunista   successi e delusioni   solidarietà
cantautrice   sorella attrice   marito francese
ama la letteratura francese   padre compositore   carriera politica
scrittrice bilingue   interesse internazionale

Secondo te, chi di loro ha detto:

- Credo che la bellezza sia un regalo pesante. Sei sempre lì a dover provare che non sei cretina.
- ...perché resto convinta che quel rinnovamento profondo di cui la politica, il nostro Paese, il mondo intero ha bisogno, senza le donne non è possibile farlo.
- L'investimento in istruzione, ricerca e innovazione è oggi il motore fondamentale della crescita.

Scegli un personaggio e scrivi un monologo interiore.

10 A La "cultura della corretta alimentazione" inizia dalla mamma.

La consapevolezza dei danni alla salute causati da cattive abitudini alimentari nell'infanzia deve iniziare dalla famiglia.
I comportamenti alimentari del bambino sono, infatti, decisamente influenzati dal modello culturale che caratterizza il suo contesto socio-familiare, in modo particolare dallo stile di vita, dalle abitudini alimentari, dal personale rapporto con il cibo che ha la mamma e da come vive il suo ruolo di "nutrice":

Uno stile femminile colto e attivo, ad esempio, solitamente tipico di donne che hanno una vita extradomestica impegnativa e debbono investire e organizzare al meglio il loro tempo a casa, è spesso collegato ad un approccio attento e controllato nei confronti dell'alimentazione, frequentemente inserito in un progetto complessivo di benessere e forma fisica.

Uno stile femminile conservatore è quello, invece, delle tradizionali "madri di famiglia".
La preparazione dei pasti è vissuta come un preciso dovere ed un modo attraverso il quale esprimere l'amore e l'impegno nei confronti della famiglia.
L'approccio all'alimentazione di questo tipo di donna è semplice e diretto, lontano da preoccupazioni salutistiche: il cibo è nutrimento, nella scelta e preparazione è meglio seguire la tradizione ed è importante far trovare ai familiari un pasto completo, abbondante e di loro gradimento a pranzo e cena.

Differente dai precedenti lo stile "giovanile": l'alimentazione è una sfera dominata dal piacere, predomina lo sperimentalismo per cibi nuovi e insoliti consumati spesso al di fuori dell'orario canonico dei pasti, in modo disordinato e affrettato. Le scelte risentono delle suggestioni della pubblicità e del gusto di esplorare condiviso, di solito, con il gruppo degli amici.

Le scelte di mamme così diverse si riflettono, naturalmente, in quello che decidono di mettere a tavola per sé e per i propri figli.
La figura della madre come "responsabile acquisti", quella cioè che decide cosa deve mangiare la famiglia, è, dunque, molto importante.
È necessario, quindi, con un' informazione adeguata e attraverso strumenti di comunicazione efficaci, accrescere nelle madri la consapevolezza dei rischi che errate abitudini alimentari comportano per la salute, anche futura, dei figli, aiutandole a scegliere percorsi più salutari: strumenti di prevenzione, questi, sufficienti ad evitare l'insorgere già dall'infanzia di patologie gravi come l'obesità. (adattato da: Ministerosalute.it-settembre 2002)

- → Riassumi in 5 frasi il contenuto del testo.
- → Scegli uno dei tre tipi di madri e descrivi sia una sua giornata caratteristica che un pasto che potrebbe preparare.
- → Rispondi: a che tipo di madre corrisponde la tua tendenzialmente? Trovi che la tipologia sia realistica?
- → Commenta il testo dal punto di vista di una persona emancipata.

11 18

Ascolta questo brano tratto da "Famiglia" di Natalia Ginzburg e riempi la griglia.

Prima dell'ascolto chiarite il significato delle parole seguenti. Usate il dizionario.

proporsi un obiettivo	un gufo
raggiungere un obiettivo	sforzarsi di + inf.
mediocre	anziani contadini
cercare un impiego fisso	sgomenti e stravolti
trasformarsi a vicenda	apposta per lui
ragionare dei loro difetti reciproci	lettere diffidenti
	temere che + cong.

→ Che rapporto col testo potrebbero avere queste parole?

lei	lui
genitori di lei	genitori di lui
atteggiamento dei genitori di lei verso il loro rapporto	atteggiamento dei genitori di lui verso il loro rapporto
abitazione	

→ Raccogli i dati necessari e scrivi un breve riassunto del testo.

→ Commenta. Secondo te, è importante che ai genitori "piacciano" i partner dei figli?
Conosci delle opere letterarie dove viene tematizzato questo argomento?
Che rilevanza ha al giorno d'oggi?

→ Guarda la foto e parlane.
Che rapporto ha con il brano ascoltato?

12 Romanzo di famiglia

Nella nostra storia, in questa casa, ci sono ...

Passo per passo	Klar!	Noch unsicher
Ich kann Beziehungen zwischen Familienmitgliedern in zusammenhängender Rede beschreiben und kommentieren.		
Ich kann mich an „Familientratsch" beteiligen und alltägliche Situationen im Familienleben bewältigen.		
Ich habe einen Einblick in die aktuelle Situation Italiens, die Familie betreffend, und kann mich dazu äußern.		
Ich kann Probleme der Vereinbarkeit von Beruf und Familie formulieren und dazu Stellung nehmen.		
Ich kann mögliche Krisensituationen in Familien auch vom Standpunkt der Kinder betrachten und formulieren.		
Ich kenne die Biografien von einzelnen italienischen Frauen und kann sie nacherzählen.		

Parole

la situazione economica
le condizioni sociali

la povertà
la ricchezza
i soldi

la corretta alimentazione
le abitudini alimentari
la parità di trattamento
la parità di diritti
l'emancipazione
realizzarsi

la famiglia tradizionale
le generazioni

il nucleo familiare
consistere di
i membri di una famiglia

i miei (genitori)
il fratellastro/sorellastra
la differenza d'età
il fratello minore/maggiore
il figlio unico

l'abuso fisico/sessuale
la solitudine
la fuga da casa

coccolare
lodare
difendere
sgridare
l'affetto
volere bene a qu
l'educazione

i conflitti
i rapporti
l'autorità

nascere (sono nato)
il tasso di natalità alto/basso
il congedo obbligatorio
il nido (l'asilo nido)
dedicarsi a un bambino
tornare al lavoro
essere responsabile di qc/qu
è necessario

le differenze
diverso/a da
confrontare qc con qc
il difetto

i luoghi comuni su
in media
l'atteggiamento verso qc/qu
credere in qc

fidanzarsi
la convivenza
convivere con qu
la fedeltà
sposarsi
il matrimonio
in chiesa
in municipio

il battesimo
il funerale
il testamento
ereditare
l'adozione
morire

aspettare un bambino
la gravidanza
essere incinta
avere un bambino
mettere al mondo un bebé
separarsi
lasciarsi
divorziare
il divorzio

di moda
fuori moda (passato di moda)
in crisi
moderno
tradizionale

viaggiare per l'Italia

1

Combina.
Poi cerca di sviluppare le tue idee su questi argomenti.

Conosco i piatti tipici della mia	ci sono delle differenze enormi.
Saprei riassumere a grandi linee	interessarsi di politica.
Per me il turismo è più importante	proteggere la natura.
Penso che sia necessario	cucina regionale.
Tra un abitante di Vienna e uno del Tirolo	i programmi politici dei nostri partiti.
Secondo me è molto importante	vivere in una zona avvantaggiata.
Il dialetto per me	dal punto di vista economico che ambientale.
Mi rendo conto che è una grande fortuna	ha una grande rilevanza.

2

Popolazione

	Numero di comuni	Superficie territoriale (kmq)	Popolazione residente media	Densità media
ITALIA	8.100	301.335,98	57.604.658	191
Italia settentrionale	**4.540**	**119.931,45**	**25.941.675**	**216**
Nord-occidentale	3.060	57.950,05	15.124.805	261
Nord-orientale	1.480	61.981,40	10.816.870	175
Italia centrale	**1.003**	**58.379,55**	**11.052.486**	**189**
Italia meridionale	**1.790**	**73.223,69**	**13.982.437**	**191**
Italia insulare	**767**	**49.801,29**	**6.628.061**	**133**

A **Interpreta la tabella. Completa le frasi.**

L'Italia settentrionale viene divisa in quella ....
e quella ....
La Sardegna e la Sicilia rappresentano ....
La densità media dell'Italia meridionale è superiore a ....
e inferiore a ....
L'Italia nord-occidentale ha il doppio dei .... rispetto all'Italia Nord-orientale.

B **Allenatevi con i numeri lavorando con un compagno.**

Uno legge un numero della tabella, l'altro dice a cosa si riferisce.

15.124.805? → la popolazione residente media dell'Italia Nord - occidentale

C **Fate uno schizzo della piantina dell'Italia.**

Dividetela nel modo suggerito dalla nostra tabella. (Nord – centro – Sud ...)
Poi confrontate con un compagno. Quali regioni conoscete? Dove si trovano?

D **Quali di questi aspetti della realtà italiana sono influenzati dalla sua geografia?** In che modo? Discutine con i tuoi compagni.

- ○ alimentazione
- ○ clima
- ○ abitudini vacanziere
- ○ italiano
- ○ attività sportive
- ○ politica
- ○ conoscenza delle lingue
- ○ attività culturali
- ○ mezzi di trasporto
- ○ moda
- ○ rapporti con l'estero
- ○ infrastruttura
- ○ consumi
- ○ religione
- ○ salute

E **Trova una spiegazione per la forma di queste case.**

- ➜ Chi abita qui?
- ➜ Cosa fa la sera?
- ➜ Dove va in vacanza?

F **Hai la possibilità di partecipare a uno scambio.**
Tu presti la tua casa a un italiano, lui ti presta la sua.
Quale di queste scegli?
Di cosa avresti bisogno per stare bene?
Discuti con un compagno.

G **Fate una conversazione da una finestra all'altra.**

Argomenti di conversazione:

- la festa in piazza domenica prossima
- l'ultimo fatto di cronaca della città
- il campionato di calcio
- i problemi idrici (acqua)
- le zanzare fastidiose
- il Festival di San Remo

3 A Domande sulle regioni italiane.

Ascoltate bene le domande. Le risposte le trovate nel riquadro.
Quale risposta si riferisce a quale domanda?

☐ Abruzzo	☐ San Marino, tra Romagna e Marche
☐ Liguria	☐ Aosta, Piemonte, Lombardia, Trentino Alto-Adige e Umbria
☐ Vaticano	☐ Basilicata, Calabria, Puglia, Campania
☐ Veneto	☐ Puglia (Capo d'Otranto) e Piemonte (Rocca di Chardònnet)
☐ Sicilia e Sardegna	

B Traccia in una cartina d'Italia le linee qui descritte.

Se tracciamo sulla carta dell'Italia tre linee rette, abbiamo una piccola sorpresa. La prima linea collega il punto più a nord (Vetta d'Italia) con il punto più a sud (punta Pesce Spada, nell'isola di Lampedusa). La seconda collega i due punti estremi della zona più larga della penisola: monte Argentario e monte Conero. In prossimità del punto di intersezione passa anche una terza linea, quella che collega la vetta del Monte Bianco con il capo di Santa Maria di Leuca - punto più a sud della Puglia - Questa zona in cui si incontrano queste tre rette così significative, da un punto di vista geografico, si trova grosso modo a nord-est del lago Trasimeno, al confine fra Toscana e Umbria, non lontano da Perugia e Assisi (città del Santo Patrono d'Italia). Ma non è tutto: la linea che collega il punto più settentrionale a quello più meridionale sfiora i due Stati interclusi: Città del Vaticano e San Marino!

C Ascolta e completa.

Lago	km²	Regioni
Como	146	............bardia
....	2	Lombardia, Piemonte, Ticino (Svizzera)
Garda	70	Lombardia, Trentino-Alto Adige, Veneto
Trasimeno	....	Umbria
Lesina	....,5	Puglia
Iseo	65, 3	Lombardia
Va.............	60,5	....
Bracciano	57,5	Lazio
Bolsena	114,5	La ....
Lugano	50,...	Lombardia

4

Il maestro ti ha parlato dei problemi del Nord e del Sud. Sapresti parlarne?

Io posso parlare molto bene dei problemi del Nord e del Sud, perché mio padre non è napoletano, ma viene da Ferrara, che è una città del Nord, e ci ha raccontato tutto del suo paese. Veramente lui non nacque a Ferrara ma a Milano, poi per ragioni di lavoro lo mandarono a Ferrara, poi per altre ragioni di lavoro lo mandarono a Arzano.

Al Nord il maltempo è sempre cattivo, piove e nevica sempre, le persone si svegliano umide. Al Nord c'è una nebbia terribile e ci sono i tamponamenti uno appresso all'altro. La gente per il maltempo vorrebbe scendersene tutta a Napoli, ma il trasferimento è difficile.
Il Nord non ha altri problemi: mio padre dice che la gente è ricca, educata e civile, e che le automobili si fermano al rosso e gli autobus non sono mai affollati. …
Al Nord ci trattano come le bestie. Se uno butta una carta a terra subito dicono che viene da Napoli, senza sapere se viene. Io lo so che viene da Napoli (o da Arzano), ma loro, che ne sanno?
E ora vi parlo dei problemi del Sud.
I problemi del Sud è che sono tutti poveri e c'è molta disoccupazione in giro. Ci sono più disoccupati che non, e molta povertà in giro. I guai sono un po' molti al Sud, e io li posso scrivere tutti; ora farò solo un piccolo elenco di guai:

1. miseria
2. disoccupazione
3. manca l'acqua
4. strade rotte
5. camorra
6. terremoto
7. inquinamento (ma più al Nord)
8. droga (ma pure al Nord)
9. miseria
10. autobus che non passano
11. delinquenti
12. non c'è posto per parcheggiare le auto
13. troppe salite
14. dialetto
15. le scuole non funzionano
16. le scuole non hanno banchi
17. le scuole non hanno armadietti
18. in una casa che conosco dormono tre in un letto
19. sporcizia
20. altri guai

Fine

da: *Io speriamo che me la cavo, 60 temi di bambini napoletani,* a cura di Marcello D'Orta.

A Quali aspetti del testo rivelano che l'autore è un bambino?
Immagina e descrivi questo bambino (età? sesso? nome? famiglia?)
Come mai secondo te questo testo è stato scelto per essere pubblicato?

B Prova a formulare le stesse idee immaginando di essere
- un giornalista che fa un servizio su Arzano
- un turista svizzero in visita in Italia
- un bambino del "Nord"

5

A Ma cos'è la "Padania"?

La Lega Nord è un partito politico autonomista fondato nel 1991 da Umberto Bossi, attivo soprattutto nelle regioni dell'Italia settentrionale. Dal 1996 la Lega Nord ha proposto la secessione delle regioni settentrionali, indicate collettivamente come Padania. Questa posizione è stata ufficialmente archiviata da Bossi dopo l'approvazione del federalismo. Attualmente ripropone il progetto di uno Stato federale attraverso il federalismo fiscale e la devoluzione alle regioni di alcune funzioni esercitate dallo Stato.
Questo movimento si batte per una maggiore fermezza contro l'integralismo islamico, è contraria all'ingresso della Turchia nell'Unione Europea ed è considerata tra i movimenti euroscettici. È anche per la **lotta all'immigrazione clandestina**, la **promozione delle culture regionali italiane** e l'eliminazione degli sprechi nella gestione statale. A tal proposito dei militanti hanno contestato la scelta del partito di Bossi di appoggiare la costruzione del **ponte sullo stretto di Messina**, nonostante questa opera faccia parte del programma di Governo della coalizione di cui la Lega Nord fa parte.

da *wikipedia*

I tre argomenti che nel testo sono in **grassetto** vengono approfonditi in questa lezione.
Lavorate a gruppi e discutete. Dimostrate come una questione può essere interpretata in più modi secondo la posizione politica.

B Immaginate di essere dei politici.

Sviluppate delle idee su come risolvere certi problemi e proponetele in classe.

- ➜ fare nascere più bambini
- ➜ diminuire la disoccupazione giovanile
- ➜ migliorare il sistema scolastico

C Partiti Politici Italiani

Quali di questi nomi ti dicono qualcosa? Come li tradurresti in tedesco?
Come immagini che sia la vita politica in un paese con tanti partiti politici?

Alleanza Nazionale (AN) – Democratici di Sinistra (DS) – Democrazia Cristiana Democrazia – Europea Federazione dei Verdi – Forza Italia – I Democratici – Italia dei valori – La Margherita – Lega Nord – Libertà di Azione (Lista Alessandra Mussolini) – L'Ulivo – Movimento Idea Sociale M.I.S – Movimento per l'Autonomia (MPA) – Movimento Repubblicani Europei – Movimento Sociale Fiamma Tricolore (MSFT) – Partito dei Comunisti Italiani (PdCI) – Partito dei Liberaldemocratici (Patto) – Partito della Rifondazione Comunista (PRC) – Partito Marxista Leninista Italiano (PMLI) – Partito Popolari Europei (Ppe) – Partito Popolare Italiano (Ppi) – Partito Repubblicano Italiano (Pri) – Partito Sardo d'Azione (psdaz) – Partito Socialista Democratico Italiano (PSDI) – Partito Socialista Nuovo PSI – Radicali Italiani Rinnovamento Italiano – Socialisti Democratici Italiani (SDI) – Unione Cattolica Italiana (UCI) – Unione Democratica Cristiana-Centro (Udc) – Unione Democratica Cristiana-Centro (UDC) – Unione Democratici per l'Europa (UDEUR)

Lingua ...

questione della lingua: dibattito tenuto in Italia dal Trecento ai giorni nostri sul problema dell'italiano. Come dev'essere l'italiano? Questione legata alla storia dell'Italia.
Italia: esiste dal 1861. Prima, nello stivale, c'erano vari stati (principati, regni) indipendenti o regnati in parte da altre nazioni (Francia, Spagna, Austria), ognuno con il proprio dialetto.
dialetto: lingua regionale (piemontese, lombardo, veneto, toscano, siciliano ecc.), soprattutto parlata, meno scritta. Tutti gli italiani imparano la lingua italiana dopo la seconda guerra mondiale, con l'arrivo della televisione. Purtroppo i dialetti vengono usati sempre meno.

latino volgare: lingua parlata dei romani, usata in "Italia" durante l'impero romano e anche dopo la sua fine, base delle lingue romanze.
italiano "classico": lingua della letteratura toscana del Trecento (Dante, Petrarca, Boccaccio) diventato in seguito il modello della letteratura.
italiano moderno: attualmente il modello proposto da radio, cinema e televisione, di tipo misto, con una tendenza all'unificazione della pronuncia e all'introduzione anche nella lingua letteraria di espressioni tipiche del parlato, fenomeni che fanno dell'italiano, per la prima volta nella sua storia, una lingua completa e non solo letteraria.
italenglish: la globalizzazione influenza anche l'italiano, che ha introdotto e italianizzato molte parole inglesi (shopping, computer, e-mail, scannare/scannerizzare). Questo fenomeno però è attivo solo in certi campi (lavoro, sport, elettronica, moda)
linguaggio dei giovani: linguaggio particolare e comprensibile solo a loro, con elementi dialettali ma anche derivati dall'inglese (Ti lovo!)
passato remoto: classicamente il tempo usato per raccontare nella letteratura. Al Nord non viene utilizzato per parlare, al Centro e al Sud invece sì.
congiuntivo: in pratica l'indicativo viene usato sempre di più e il congiuntivo sempre di meno, soprattutto dai giovani. Fenomeno preoccupante per molti italiani colti.
altre lingue: francese in Val d'Aosta, tedesco in Trentino-Alto Adige.

A Spiega gli esempi qui raccolti.

Sao ke kelle terre per kelle fini que ki contene trenta anni le possette Sancti Benedicti.*

Gallia divisa est in partes tres.	Arrivai domenica sera e partii mercoledì mattina.
Io credo che loro non ci sono.	Seid ihr Schi fahren gewesen?
Mi sun la mata dla Elda.	Ma *hosa* stai facendo, *Harlo*?

La lingua italiana non è stata mai parlata... è lingua scritta, e non altro.**

J'habite Courmayeur.	Che palle! Marco si è fatto la mia ragazza.

* italiano volgare, scritto nel 960 dal giudice di Capua. ** Ugo Foscolo, 1826

21

B Ascolta queste tre persone parlare nel loro linguaggio regionale.

Sai dire da che parte dell'Italia vengono? Nord, Centro o Sud?

C Sai "tradurre" questi proverbi in dialetto?

Chi vole vai, chi nu vole manna.	Volere stare sopra come l'olio. (Voler comandare, spadroneggiare.)
Chello che se 'mpara 'a giovane, nun se scorda 'a vecchio.	Chi vuole va, chi non vuole manda.
Chi non fatica tutti li dì, in miseria ha da finì.	Quello che si impara da giovane non si scorda da vecchio.
Volér star sora come l 'òio.	Quello che non vuoi fatto a te, non lo fare agli altri.
Quiddhru ca nu mbuèi fattu a ttìe, nu llu fare all'authri.	Chi non lavora tutti i dì, in miseria deve finire.

D Fate una ricerca sul linguaggio dei giovani in Italia.

Analizzate testi di canzoni, brani di letteratura moderna, i testi sui vari forum e blog di Internet.
Raccogliete anche le abbreviazioni e le faccine.

Create un glossario della comunicazione giovanile.

E Leggi e riassumi.

Quel "tu" che cancella le classi.
Il "tu" si diffonde, inesorabilmente. Diventa sempre più abituale fra i giovani, si estende fra gli anziani. Il fenomeno non è esclusivamente italiano. Qualche cosa di simile si è vista da tempo in altri paesi, per esempio in Scandinavia, dove il "De", equivalente al nostro "lei", è totalmente scomparso, per essere sostituito fra persone di tutte le età, anche se mai viste prima, dal "Du", equivalente al nostro "tu". Anche al vecchietto con la barba bianca, quando entra in un supermercato, la commessa ventenne dà allegramente del "tu". Si tratta di fenomeni sociali, che possono piacere o dispiacere, ma si sottraggono ad ogni possibilità di intervento. (E' vero che il fascismo era riuscito a diffondere il "voi", perché il "lei" sembrava effeminato e servile: ma quella era una dittatura.)
A me sembra che la diffusione del "tu", e la graduale scomparsa del "lei", confermino la cancellazione delle classi sociali. In altri tempi, aristocrazia, borghesia, proletariato, contadini erano nettamente distinti, e l'appartenenza all'una o all'altra categoria era immediatamente indicata dagli abiti, dalle maniere, dal linguaggio, dal grado di istruzione. Adesso, l'appartenenza alle categorie non si riconosce più, per la semplice ragione che non ci sono più, chiaramente distinte, le categorie. Scomparsa delle classi, insomma: livellamento sociale. Il fenomeno è in corso. **È un bene o un male?**

(adattato da: Il venerdì di Repubblica, dicembre 2004).

Confronta con altri paesi.
Rispondi alla domanda finale.

7

UN ITALIANO SU DUE VIVE IN ZONE A RISCHIO CALAMITÀ
EMERGENZA COSTA 3,5 MLD L'ANNO. POLIZZA-CASA UNICA SOLUZIONE

Bel Paese, ma sulla carta. Perché la sua storia racconta di tante, ma tante calamità naturali.

Un italiano su due vive in aree a rischio di calamità naturali, siano esse terremoti, alluvioni, frane, eruzioni vulcaniche. E per far fronte alle emergenze che ogni anno si verificano in Italia - tra l'altro triplicate dal 1990 ad oggi - lo Stato spende qualcosa come 3,5 miliardi di euro: una cifra che non è più in grado di sostenere. L'unica possibilità è dunque quella di rendere obbligatoria per i cittadini una polizza-casa contro le catastrofi, dato che lo Stato non può più garantire la sua assistenza.

L' Italia e' uno dei paesi europei a più alto rischio ambientale; il 67% dei comuni italiani si trova in zona sismica; il 38% delle vittime da inondazioni e alluvioni in tutta Europa è italiano; 3.500 comuni SONO esposti a rischio inondazioni e almeno 5.500 (i due terzi) convivono con l'incubo delle frane. Dal punto di vista idrogeologico, inoltre, le aree a rischio elevato coprono quasi 8 mila chilometri quadrati, mentre il 4,5% del territorio è a rischio frane. Senza contare, infine, che quasi cinque milioni e mezzo di persone vivono in aree a rischio di eruzioni vulcaniche. La copertura assicurativa è dunque l'unica soluzione. (adattato da: *Il Sole 24 ore*, ottobre 2005)

Devastazione. Le conseguenze dell'alluvione dell'autunno 2000 in Valle d'Aosta *(Ansa)*

Dieci anni di guai

Principali eventi catastrofici dell'ultimo decennio

Anno	Evento	Vittime	Zona	Danno economico*
1994	Alluvione	70	Nord Italia	5.500
1996	Alluvione	—	Calabria	100
1996	Alluvione	14	Versilia	—
1997	Terremoto	11	Umbria e Marche	8.000
1998	Frana	—	Sarno-Campania	380
1998	Alluvione	—	Liguria	10
2000	Alluvione	—	Nord Italia	5.000
2000	Alluvione	—	Calabria	50
2000	Terremoto	—	Emilia	50
2000	Terremoto	—	Lazio	—
2002	Alluvione	—	Liguria	12
2002	Terremoto	29	Molise e Puglia	5
2002	Alluvione	—	Lombardia	500
2002	Frana/maremoto	—	Stromboli	—
2003	Alluvioni e frane	1	Molise, Puglia, Abruzzo, Basilicata	800
2003	Alluvione	3	Friuli, Valcanale, Canal del Ferro	519
2004	Terremoto	—	Nord Italia	20

* In milioni di euro

Fonte: Cineas

A

Lavorate a coppie. Usate un dizionario.

Raggruppate il lessico in due campi semantici: fenomeni naturali e il resto.

alluvione danni distruzione assicurazione eruzione di lava
eruzione vulcanica feriti frana gelo inondazione
nebbia maremoto minaccia morti pericoli
protezione civile rischio siccità Stato terremoto
tsunami uragano valanga incendio boschivo vittime

B

22

Ascoltate e prendete appunti.

Quali di questi problemi sono dovuti a fenomeni naturali?
Quali sono dovuti al comportamento delle persone?

Poi parlate per un minuto di seguito sui vulcani, sui terremoti.

8 Slow food

LECCORNIE SOTTO IL VESUVIO

Albicocche, mele, castagne, uva, nocciole. Sono i prodotti di eccellenza dei produttori dell'Agro vesuviano, un terreno fertile che si estende dal Monte Summa a tutta la pianura

A **Immagina cosa potrebbe essere il programma di slow food.**
Cosa associ con il termine "fast food"?
Vai sul sito www.slowfood.it.

Vuoi scoprire quanto di buono propone l'Italia? Clicca la regione che ti interessa e slow food ti dirà quali sono le migliori specialità gastronomiche locali (il Buon Paese), le cantine e i vini migliori dei produttori segnalati da Vini d'Italia, e tutti i formaggi tradizionali della regione selezionata: un atlante dei piaceri d'Italia senza precedenti per ricchezza e messo a disposizione di tutti gli iscritti dello slownet, la "rete" degli aficionados del sito slow Food.
Se invece ti interessa una sola categoria fra quelle proposte (o osterie, o il buon paese, o cantine o formaggi), cliccala e avrai un elenco completo degli indirizzi nazionali.

Scegliete una regione e studiatela dal punto di vista dello "slow food".
Studiate un itinerario che permetta di conoscere almeno cinque specialità diverse.
Scrivete un menu tipico di questa regione.

B **Lavorate a gruppi. Preparate un dossier sulla cucina italiana.**
- ➜ Come viene definita la "cucina mediterranea"?
- ➜ Cos'è la "cucina povera"?
- ➜ Quali alimenti/ingredienti vengono usati di più nelle varie parti d'Italia?
- ➜ Quali specialità gastronomiche vantano le varie regioni?
- ➜ Che influssi subisce attualmente la cucina italiana?

C Gioco di ruolo
A tavola con la tua famiglia. Tu non hai fame perché sei andato/a da McDonalds. Questo è un tuo segreto perché a tua madre MacDonalds non piace per niente. E poi, lei ha passato tre ore in cucina a cucinare.

9

A Fa un elenco dei problemi collegati ai rifiuti.

La settimana dei rifiuti

Dalla Liguria alla Sicilia, dal Friuli Venezia Giulia alla Puglia: 7 giorni di convegni, conferenze stampa, iniziative di piazza e blitz

Contro la malagestione dei rifiuti in Italia, la costruzione di megainceneritori, l'ampliamento delle discariche esaurite

Si comincia sabato 22 maggio, e si va avanti fino al 30 maggio in tutta Italia. È la 'settimana dei rifiuti' di Legambiente, una grande mobilitazione nazionale contro la mala gestione dei rifiuti nel nostro Paese: per dire no ai megatermovalorizzatori ma incoraggiare la raccolta differenziata. Contro l'ampliamento delle discariche esaurite e per la chiusura e la bonifica di queste. E ancora, per dare più voce alle centinaia di vertenze aperte dal nord al sud d'Italia, per puntare su nuove politiche o, più semplicemente, per protestare contro le quantità eccessive di imballaggi che ogni giorno siamo costretti ad acquistare nei supermercati.

Ma vediamo nel dettaglio alcuni degli appuntamenti più significativi in giro per il Paese. La 'settimana dei rifiuti' si apre nel Lazio con due iniziative domani, sabato 22 maggio: due blitz effettuati presso altrettante discariche.

B Collega le definizioni ai termini a cui si riferiscono.

rifiuti (immondizia)	posto in cui viene portata l'immondizia dei centri abitati
inceneritore	sistema per riutilizzare i rifiuti facendoli diventare dei nuovi prodotti
raccolta differenziata	materiale usato per confezionare i prodotti che compriamo
discarica	grande forno dove viene bruciata l'immondizia
imballaggi	tutto quello che buttiamo via
riciclaggio	strategia di separare i rifiuti secondo il materiale di cui consistono

C Interpretando i logo e le parole chiave, formulate delle definizioni di queste tre iniziative di Legambiente.

PiccolaGrandeItalia: piccoli comuni – 5000 abitanti – deficit – cultura – gastronomia – varietà – globalizzazione – tradizioni – impoverimento – valorizzare – proteggere

Festa dell'albero: pulizie – accogliente – volontariato – classi – genitori – insegnanti – manutenzione – aiuole – alberi – festa – comunità

Non scherzate col fuoco: tutela – boschi – incendi estivi – attività – tesori – valore – fragilità – ecosistema – rischio – distrazione – piromani – eco-mafiosi – pulizia – passeggiate – sensibilizzare

D Ecco i titoli di alcune delle altre iniziative di Legambiente.

Cosa potrebbe essere il loro scopo?
Proponete dei programmi.

- 100 strade per giocare
- Bandiere Nere
- Biodomenica
- Caccia ai Tesori d'Italia
- Disimballiamoci
- Festa dell'albero
- Guida Blu
- L'Italia non è in vendita
- Li voglio Vivi
- Salvaitalia
- Salvalarte
- Spiagge Pulite
- Treno Verde

campagna **iniziativa**
programma
proteggere **appuntamenti**
attività
tesori **valore**
sensibilizzare a **ambientale**
effetto serra
buco d'ozono **riscaldamento**
clima

E Immaginate di essere dei membri di Legambiente.

Preparate una testimonianza sulla zona dove abitate voi da pubblicare sulla rivista mensile dell'organizzazione. Raccogliete foto, informazioni, pensieri, e fatene un reportage.

F TEMPO DI DEGRADO DEI RIFIUTI GETTATI IN MARE

Collega.

fazzolettino di carta	1000 anni
fiammifero	3 mesi
mozzicone di sigaretta	da 1 a 5 anni
buste di plastica	1000 anni
prodotti di nylon	mai completamente
lattine di alluminio	da 30 a 40 anni
bottiglie di vetro	6 mesi
polistirolo	da 10 a 20 anni
bottiglie di plastica	da 10 a 100 anni

(adattato da: www.legambiente.it)

G Fate un gioco di ruolo.

Nel nostro comune c'è un terreno libero. Cosa ne facciamo?
Parlano

- il sindaco
- la maestra
- il parroco
- il proprietario dell'albergo
- il benzinaio
- l'allenatore della squadra di calcio

Disegnate una piantina.
Discutete fino a che avete trovato una soluzione.

10

Vita quotidiana: come vive la gente veramente?

Servitevi delle domande seguenti per intervistarvi a vicenda, ma ancora meglio, per intervistare degli italiani. Forse potete trovare qualcuno a cui inviare per e-mail questa intervista. Fatevi mandare le risposte. Riferite ai compagni le informazioni che avete ricevuto.
Commentate insieme.

- Fai colazione a casa o fuori?
- Vai a casa per pranzare?
- A che ora ceni?
- Cucini o mangi alimenti precotti o surgelati?
- Quanti caffè al giorno prendi?
- Che tipo di caffè preferisci?
- Qual è il tuo piatto preferito?
- Quante volte vai al bar?
- Quante volte al mese mangi fuori?
- Bevi l'acqua del rubinetto?
- Dove fai la spesa?
- Quando sono aperti i negozi?
- Hai una banca e un ufficio postale vicino a casa tua?
- Come vai al lavoro/a scuola?
- Usi la bicicletta?
- Quante volte vai dal parrucchiere?
- Quanto spesso vai al cinema?
- In quali occasioni incontri tutta la famiglia?
- Fai sport vicino a casa?
- Dov'è il prossimo ospedale/medico?
- In quanti siete in casa?
- Su quanti metri quadrati vivete?
- Avete una macchina?
- Avete la possibilità di parcheggiare la macchina sotto casa?
- Di quanta sicurezza godete? Siete mai stati scippati/ derubati/...
- Vi hanno mai rubato la macchina?
- C'è un parco o un bosco vicino a voi?
- Dove andate in vacanza?
- Dove stendete la biancheria?
- Conoscete i vostri vicini di casa?
- Togliete le scarpe quando entrate in casa?
- Avete un animale domestico?
- La mattina vi sveglia il traffico?
- La sera avete problemi a dormire per via del rumore?
- In che mese dovete cominciare a mettere vestiti più caldi?
- Ci sono insetti noiosi?
- Dove andate a fare il bagno?
- Andate in chiesa ogni tanto?
- Quali sono le vostre feste preferite durante l'anno?
- In che modo festeggiate il Natale?
- Avete una donna delle pulizie?

11

A **Fate un dibattito.**

"Per che motivo potrebbe succedere di trasferirsi in un'altra città?"

trovarsi bene, trovarsi male, amore, spostarsi, traslocare, esperienze, clima, cambiamento, stage, scambio, lavoro, lingua, finanziamento, certificato, burocrazia, studio

B Stranieri residenti in Italia.

Commentate la tabella.

GLI STRANIERI RESIDENTI IN ITALIA DA OLTRE CINQUE ANNI

Per nazionalità.

Paese	%
Filippine	74,9
Tunisia	70,4
Senegal	69,7
Egitto	65,4
Perù	64,6
Sri Lanka	62,6
Marocco	60,6
Jugoslavia	60,5
Cina	59,0
India	49,3
Albania	42,9
Romania	36,3
Media	59,0

Fonte: Caritas.

C Fate almeno 10 domande al testo.

Sono arrivati alla stazione di Mestre dopo aver percorso tutta l'Italia: dalla Sicilia a Venezia. Ultimo tratto di viaggio, dopo aver attraversato deserti e mari, prima di conoscere il luogo che il destino ha loro riservato per ricominciare a vivere, per tentare quella chance per la quale si è rischiata la vita. L'arrivo di queste undici persone richiedenti asilo, etiopi ed eritrei, sbarcate a Lampedusa è uno dei segni tangibili dell'impegno e dell'attenzione che il Comune di Venezia mette in campo nei confronti del diritto d'asilo e nello sviluppare forme di accoglienza rispettose dei bisogni delle persone e della collettività. (adattato da: www.meltingpot.org)

D Formula in parole tue il contenuto del testo.

Nuova ondata di sbarchi sull'isola, oltre 900 disperati in due giorni. Caos nel CPT

Lampedusa. La punta meridionale della Penisola, si trova, come ogni anno in questo periodo, ad affrontare una crisi da sovraffollamento di disperati. In due giorni sono ben cinque le imbarcazioni che sono riuscite a raggiungere le coste italiane. La prima ondata di approdi è iniziata il 21 dicembre, quando nell'arco di poche ore quattro barconi, che trasportavano complessivamente 688 persone, hanno toccato le spiagge siciliane. Tre a Lampedusa, uno a Licata, in provincia di Agrigento. Ognuna di quelle barche, inadatte per struttura e condizione ad affrontare il mare aperto, trasportava oltre 160 persone. Il 22 un nuovo sbarco di profughi e migranti è giunto a Lampedusa, a bordo questa volta c'erano 225 uomini e cinque donne. Solo uno di loro ha avuto bisogno di cure mediche, per gli altri solo lo spossamento della traversata, in una notte di dicembre. Il Centro di Permanenza Temporaneo dell'isola, che può ospitare al massimo 190 persone, si trova oggi a contenerne oltre 500, stipate in condizioni irrispettose della dignità umana e delle fatiche sopportate da quelle persone per arrivare al di qua del mare.

(adattato da: www.meltingpot.org)

Traducete i termini seguenti.

trafficante – profugo – richiedente asilo – clandestino – fuga – campo d'accoglienza – immigrato economico – rispettare – violare – ospitare – accogliere – richiesta d'asilo – immigrazione – espulsione – rimpatrio forzato – diritti umani – nave, imbarcazione

12 **A** **Stretto di Messina**

Lo stretto di Messina è forse il luogo che ha ispirato Omero a immaginare Scilla e Cariddi.

Immagine satellitare dello Stretto

Lo Stretto di Messina è un tratto di mare che collega il Mar Ionio con il Mar Tirreno separando l'isola della Sicilia dalla Calabria, quindi dall'Italia peninsulare e dal continente.
Nel tratto più stretto (a nord) è largo circa 3 km.
Le due province che si affacciano sullo Stretto (Provincia di Messina e Provincia di Reggio Calabria) hanno di recente stipulato un protocollo d'intesa per formare l'Area Metropolitana Integrata dello Stretto, un progetto che tenderà a creare sulle due sponde la metropoli Città dello Stretto.
Tra Villa San Giovanni (RC) e Messina si svolge un intenso traffico di traghetti e aliscafi che permettono di trasportare non solo persone e automobili ma anche convogli ferroviari tra le due regioni. I collegamenti marittimi tra Messina e Reggio Calabria si svolgono prevalentemente con aliscafi per il trasporto di persone.
In futuro è prevista la realizzazione di un collegamento stabile tra le due regioni, ovvero il Ponte sullo Stretto.

(adattato da: *Wikipedia*)

Conoscete dei progetti simili, realizzati o no?
Cosa è successo per il Canale della Manica, a San Francisco, a Suez?
Parlatene!

B **Fate un gioco di ruolo a coppie.**

Impersonate una persona favorevole alla costruzione del ponte e una che è contraria. Difendete la vostra posizione. Che vantaggi e che svantaggi può avere la costruzione del ponte di Messina?

☺ velocità	☹ rischio geologico
☺ praticità	☹ ambientale
☺ modernità	☹ tecnico
☺ posti di lavoro	☹ finanziario
☺ investimenti	☹ posti di lavoro del vecchio sistema
☺ pedaggio: 5 €	☹ traghetto ogni 10 minuti
☺ crescita della regione	☹ coinvolgimento della mafia
☺ progresso	

C **Fate altre discussioni in cui contrastate i pro e i contra, i vantaggi e gli svantaggi di un progetto.**

- un cambiamento architettonico nella vostra scuola
- l'abolizione delle tasse per gli "under 25"
- la Padania

Passo per passo	Klar!	Noch unsicher
Ich kann Aspekte der Geografie Italiens zusammenhängend beschreiben.		
Ich kann an einzelnen Beispielen Unterschiede zwischen dem Norden und dem Süden Italiens kommentieren.		
Ich kann die sprachliche Situation in Italien in groben Zügen beschreiben.		
Ich kann zur Problematik der Asylanten in Italien Stellung nehmen.		
Ich kann das Alltagsleben kommentieren und mit Österreich vergleichen.		
Ich kann regionale Besonderheiten der Küche miteinander vergleichen.		
Ich kann die Umweltproblematik darstellen.		

Parole

l'infrastruttura
le autostrade
l'agricoltura
l'industria

le Alpi
gli Appennini
il clima
il lago
il fiume
la costa
il paesaggio

lo sviluppo
il turismo
la vegetazione
i parchi nazionali

l'abitante
la popolazione
la superficie
la capitale
il capoluogo di provincia
la città, cittadina
il paese

dividere in
contenere

la questione della lingua
il dialetto
lo sviluppo dell'italiano

lo Stato
un (uomo) politico
programma politico
la politica
il partito politico
proporre
fare una proposta
il progetto
il federalismo
un movimento
la corruzione
battersi per
contestare la scelta di qu
la burocrazia
il certificato

il trafficante
il profugo
il clandestino
l'immigrato

il campo d'accoglienza
ospitare
accogliere
la richiesta d'asilo
l'espulsione
la fuga
la nave, l'imbarcazione
violare
rispettare
trovarsi bene/male
spostarsi

interessarsi di qc
rendersi conto che
dal punto di vista ...
è una fortuna ...
diventare importante
detto in parole molto semplici

il maltempo
i guai
il terremoto
l'alluvione
la frana
la valanga
il vulcano (l'eruzione)
l'incendio boschivo
la siccità
le vittime (i morti, i feriti)
i pericoli, i rischi
i danni
distruggere (la distruzione)

i rifiuti (l'immondizia)
la raccolta differenziata
il riciclaggio
l'iniziativa
sensibilizzare a qc
proteggere
l'ambiente
l'ambientalismo

Settentrione
Italia centrale
Meridione (Mezzogiorno)
Italia insulare (le isole)

Piemonte	Friuli Venezia Giulia	Marche	Basilicata
Val d'Aosta	Trentino Alto Adige	Abruzzo	Puglia
Liguria	Emilia Romagna	Molise	Calabria
Lombardia	Toscana	Lazio	Sicilia
Veneto	Umbria	Campania	Sardegna

leggere

copertina critico stile premio Strega
novella lingua giovani
Petrarca poesia romanzo commedia
il novecento Goldoni (auto)biografia Leopardi
tragedia recensione ventesimo secolo
copia Dante successo autore/autrice
periodo
scrittrice libreria Manzoni biblioteca
Boccaccio lettori Novecento memorie

1

Stai per cominciare a leggere il nuovo romanzo ***Se una notte d'inverno un viaggiatore*** di Italo Calvino. Rilassati. Raccogliti. Allontana da te ogni pensiero. Lascia che il mondo che ti circonda sfumi nell'indistinto. La porta è meglio chiuderla; di là c'è sempre la televisione accesa. Dillo subito, agli altri: "No, non voglio vedere la televisione!" Alza la voce, se non ti sentono: "Sto leggendo! Non voglio essere disturbato!" Forse non ti hanno sentito, con quel chiasso; dillo più forte, grida: "Sto cominciando a leggere il nuovo romanzo di Italo Calvino!" O se non vuoi non dirlo; speriamo che ti lascino in pace.

(da: Italo Calvino, *Se una notte d'inverno un viaggiatore*, Einaudi 1977)

A Leggi questo brano. Cosa scrivi su un cartello se non vuoi essere disturbato?

B **Segna con una crocetta la definizione che ti si addice maggiormente. Tu, come sei?**

- Leggere per me è un puro piacere. Leggere mi aiuta a rilassarmi e a raccogliermi. Quando comincio un libro nuovo sono sempre curioso/a di sapere come sarà, in che mondo verrò trasportato/a, che personaggi conoscerò.
- Leggere per me è una tortura. Significa fatica, tempo perso, noia. Se penso a tutti i libri che ho o meglio avrei dovuto leggere per la scuola … Non capisco perché debba essere necessario, al giorno d'oggi, dedicare tanto tempo a questa attività.
- Leggere è una cosa che faccio volentieri d'estate, in vacanza, oppure in treno, quando faccio dei viaggi lunghi. Amo le letture facili, avvincenti, come i gialli, la fantascienza o i thriller americani. Li leggo spesso in lingua originale. Durante l'anno non ho mai tempo di leggere. Per distrarmi e per rilassarmi c'è la televisione.

C **Scrivete su dei foglietti delle definizioni simili (a quelle di 1B) dei termini seguenti:**

cucinare   fare shopping   fare sport   fare turismo

Non mettete il vostro nome. Raccogliete i foglietti. Fateli leggere ad alta voce da qualcuno.
→ Indovinate chi è l'autore/l'autrice della definizione.

23 **D** **Ascolta e immagina le domande a cui risponde la ragazza.**
→ Associa un numero a ogni domanda. C'è una domanda con due risposte.

	domanda	risposta
	Quanti libri compri all'anno?	
	Preferisci libri rosa o libri gialli?	
	Hai già letto qualcosa di Manzoni?	
	Perché?	
	Hai bisogno di silenzio quando leggi?	
	Preferisci un romanzo lungo a tante storie brevi.	
	Leggi spesso perché devi?	
	Ti piacciono le versioni cinematografiche dei romanzi?	
	Ti capita di leggere libri in inglese?	
	Hai un libro, un autore preferito?	

→ Riascolta e segna le risposte con delle parole chiave.
→ Quali sono le espressioni italiane per:

im Durchschnitt
weder, noch
sowohl, als auch

sicher
es kommt darauf an
das ist störend

E Gira per la classe e intervista i tuoi compagni. Segna tutti i sì e tutti i no.

	sì	no
Mi piace leggere ma non mi piace parlare dei libri che leggo.		
Al giorno d'oggi i film hanno preso il posto dei libri.		
Un giorno nessuno leggerà più.		
Leggere è un'attività solitaria e noiosa.		
Leggere è un'attività stimolante e intelligente.		
Leggerei se avessi più tempo.		
Leggo solo perché è importante per la mia formazione.		
Leggo solo durante le vacanze.		
Preferisco guardare la televisione che leggere libri.		
Leggo perché mi rilassa, ma solo libri facili.		
Per me un libro è facile quando si legge in fretta.		
La scuola rovina tutta la voglia di leggere dei ragazzi.		
Se non ci fosse la scuola, nessuno leggerebbe più.		
Leggere in italiano è impossibile per me.		
Se riesco a leggere un libro in italiano o no dipende solo dal libro.		

Riassumi i risultati e scrivi una piccola analisi sull'argomento.

F Secondo te, cosa ci vuole per leggere? Di cosa hai bisogno tu?

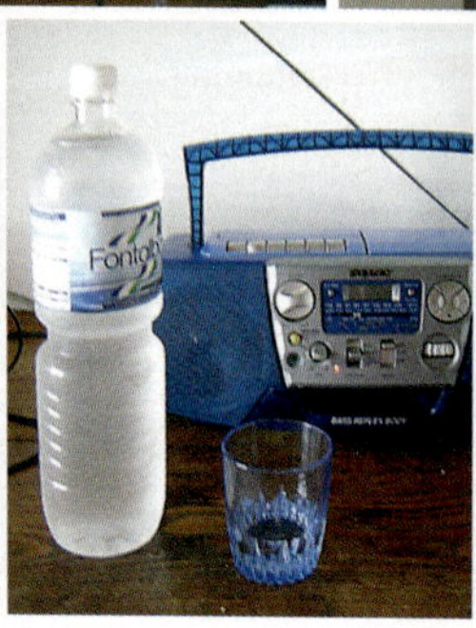

→ Dove, quando e come preferisci leggere? Scrivi un piccolo testo.

2 A Di che libro si parla? Dite le vostre opinioni.

La relazione fra Sabina e Franco è bella, vitale e ricca di futuro. Eppure, quando resta incinta, Sabina preferisce lasciare all'oscuro il compagno, "staccare" e passare il Natale in America dove da molti anni si è trasferito il fratello. L'idea di dar forma a una famiglia la costringe a riflettere sulla sua propria infanzia, sull'immagine del padre e della madre. La vacanza americana diventa in realtà un feroce faccia a faccia con un passato improvvisamente sinistro in cui si muovono i fantasmi della violenza, dell'abuso. Di fronte alla sua maternità e alle domande sgradevoli e fastidiose, Sabina si sente in una situazione senza via di fuga. La passione può tollerare limiti e norme?

Succedeva sempre che a un certo punto uno alzava la testa... e la vedeva. È una cosa difficile da capire. Voglio dire... Ci stavamo in più di mille, su quella nave, tra ricconi in viaggio, e emigranti, e gente strana, e noi... Eppure c'era sempre uno, uno solo, uno che per primo... la vedeva. Magari era lì che stava mangiando, o passeggiando, semplicemente, sul ponte... magari era lì che si stava aggiustando i pantaloni... alzava la testa un attimo, buttava un occhio verso il mare... e la vedeva. Allora si inchiodava, lì dov'era, gli partiva il cuore a mille, e, sempre, tutte le maledette volte, giuro, sempre, si girava verso di noi, verso la nave, verso tutti, e gridava (*piano e lentamente*): l'America. Poi rimaneva lì, immobile come se avesse dovuto entrare in una fotografia, con la faccia di uno che l'aveva fatta lui, l'America.

Cristina Comencini: ***La bestia nel cuore***, Feltrinelli 2004?
Premio Letterario Castiglioncello 2004
Alessandro Baricco: ***Novecento***, Feltrinelli 1994
Niccolò Ammaniti: ***Io non ho paura***, Einaudi 2001

Un libro bellissimo, semplice e scorrevole. L'ho trovato attuale, appassionante, veramente apprezzabile e soprattutto mi ha commosso tanto. L'autore ha narrato l'avventura molto particolare vissuta dal protagonista con minuzia di particolari e inoltre è riuscito a far percepire al lettore tutte le emozioni provate dai protagonisti. Inoltre è un libro in cui emergono numerosi stati d'animo: dalla felicità si passa alla tristezza, dalla rabbia alla gioia... Senza dubbio questo è il libro più particolare ed emblematico che abbia mai letto sinora. Ti prende, ti esalta e allo stesso tempo ti fa riflettere. Consiglio questo libro a tutti, perché sono sicura che coinvolgerà i lettori.

I testi sono molto diversi.

→ Di che tipo di testo si tratta?
  Tra i libri presentati, scegliete quello che vi interessa di più e fate una ricerca di materiale.
→ Preparate un piccolo dossier in cui raccogliete:
  appunti sull'autore, bibliografia (casa editrice), eventuali premi, recensioni, interviste, foto ...
→ Preparate una serie di domande sul libro che avete scelto. Fate un quiz.

24 **B** Ascolta e segna le espressioni italiane per:

Handlung		Geschichte spielt in	
handelt von		einfache Sprache	
Hauptfigur		Meisterwerk	
spannend		Buchempfehle	

C Leggi il testo seguente. Di che tipo di testo si tratta?

La scrittrice racconta la storia di un gruppo di giovani. **Descrive** con molti dettagli la loro vita quotidiana in una borgata di Roma e **mette a confronto** la loro vita con quella dei loro genitori. Il narratore è Marco, un ragazzo di diciassette anni. Gli altri **personaggi principali** sono Mauro e Ottavio. (Dopo aver lasciato la scuola sono obbligati a trovare un lavoro ma invece di cercare preferiscono passare le loro giornate a vagabondare sulle loro moto per la città). Si tratta di un **romanzo** critico in cui lo scrittore **prende posizione su** molti temi sociali come ad esempio la disoccupazione. Il suo linguaggio è **espressivo** e allo stesso tempo **semplice**.

Rileggete le frasi del testo, una frase ciascuno, e mentre leggete, sostituite le parole messe in rilievo con le espressioni seguenti adeguate:

lo scrittore – l'autore – l'autrice   il / la protagonista – i protagonisti

tratta l'argomento di – sottolinea l'importanza di

illustra   paragona   un testo – una novella

con esattezza – molto bene   polemico – simbolico – familiare

avvincente – commovente – appassionante – noioso

Adesso inventa tu una recensione di un libro immaginario.

25 **D** Ascolta. Di cosa parlano le ragazze?
Segna le parole chiave nella tabella

Anna	☺	☹	Maria	☺	☹

Tu che ne pensi?

3

Fa una ricerca su questi grandi autori della letteratura italiana.
Cerca informazioni autobiografiche, le loro opere principali e qualche citazione.

Dante Alighieri, (nato a Firenze nel 1265 – morto a Ravenna il 14 settembre 1321), è stato un poeta e scrittore e uomo politico fiorentino; è considerato il primo grande poeta della lingua italiana. Dante è l'autore della Divina Commedia, considerato un capolavoro della letteratura di tutti i tempi.

Nel mezzo del cammin di nostra vita
mi ritrovai per una selva oscura
ché la diritta via era smarrita.

Giovanni Boccaccio (nato a Firenze nel 1313 – morto in Toscana il 21 dicembre 1375), Insieme con Dante e Petrarca, può essere considerato il più importante scrittore del trecento, in Italia e in tutta Europa. La sua opera maggiore è sicuramente il DECAMERONE: è una raccolta di cento novelle raccontate a turno in dieci giorni (il titolo tradotto dal greco significa appunto "dieci giorni"), da sette ragazze e tre ragazzi.
Questi, dopo il loro incontro avvenuto nel 1348 nella chiesa di Santa Maria Novella a Firenze mentre infuria la peste, decidono di allontanarsi dalla città invasa dal contagio e di trascorrere due settimane in campagna.
Qui parte del tempo è dedicata alla narrazione di alcune storie.
Ogni giorno viene eletto un re o una regina che fissa il tema della giornata al quale devono attenersi tutti i dieci ragazzi, ad eccezione di Dioneo, il più divertente.

Alessandro Manzoni (1785 - 1873), scrittore e poeta italiano.

Francesco Petrarca (Arezzo, 20 luglio 1304 - Arquà Petrarca, Padova, 19 luglio 1374) è stato un importante scrittore, poeta ed umanista italiano del Trecento. La maggiorparte delle sue opere sono scritte in latino. L'opera per la quale è maggiormente conosciuto è il *Canzoniere* (titolo originale *Rerum vulgarium fragmenta*), la storia della vita interiore del Petrarca è scritta in "volgare" (cioè in "italiano"). La raccolta comprende sonetti, canzoni, sestine, ballate e madrigali. La maggior parte delle rime del *Canzoniere* è d'argomento amoroso, una trentina sono di argomento morale, religioso o politico.

Carlo Goldoni (25 febbraio 1707 Venezia – 6 febbraio 1793 a Parigi), drammaturgo italiano.

Giacomo Leopardi (Recanati, 29 giugno 1798 - Napoli, 14 giugno 1837) è stato uno tra i principali scrittori e poeti italiani.

Abbina i ritratti ai nomi corrispondenti.

4 Leggi queste frasi tratte da vari testi narrativi. Cos'hanno in comune?

"Che cos'è?" chiese Niceta dopo aver rigirato tra le mani la pergamena e aver tentato di leggerne qualche riga.
„È il primo mio esercizio di scrittura," rispose Baudolino...

Umberto Eco, *Baudolino*

Quel mattino lo svegliò il silenzio. Marcovaldo si tirò su dal letto col senso di qualcosa di strano nell'aria.

Italo Calvino, *Marcovaldo, La città smarrita nella neve*

Tommaso, Lello, il Zucabbo e gli altri ragazzini che abitavano nel villaggetto di baracche sulla Via dei Monti di Pietralata, come sempre dopo mangiato, arrivarono davanti alla scuola almeno una mezz'oretta prima.

Pier Paolo Pasolini, *Una vita violenta*

Quando mio padre mi disse di aver picchiato mia madre una volta sola durante i ventitrè anni del loro matrimonio, nemmeno gli risposi.

Domenico Starnone, *Via Gemito*

In piazza della Libertà andammo a sederci su una panchina, e Silvano mi mostrò il giornale.

Alberto Moravia, *Il naso* in *Racconti Romani*

Verso la mezza notte accompagnai a casa i padroni e poi, invece di riportare la macchina in garage, andai a casa mia, mi tolsi la divisa d'autista, infilai il vestito blu delle feste e, senza fretta, mi recai all'appuntamento, a via Veneto.

Alberto Moravia, *Bu Bu Bu* in *Racconti Romani*

Fu la prima parola che sentii dire di Niederhausen, da un tedesco che sapeva l'italiano: è un posto dove al crepuscolo le volpi si incontrano, per darsi la buona notte. E a Niederhausen se qualcuno della parentela trovò la voglia di venirci una volta, per tornarci una seconda non trovò mai più una ragione sufficiente.

Marisa Fenoglio, *Vivere altrove*

Guarda le forme verbali. Quali sono i tempi utilizzati? Li conosci tutti?

→ Sottolinea le forme nuove (18).
→ È una forma del presente o del passato?
Secondo te, quando si usa? Cosa esprime?
→ Trova l'infinito dei verbi. Come potrebbero essere le altre forme personali?
→ Secondo te, quali di queste forme verbali sono le più frequenti?

5 A Io (non) ho paura

- Cosa ti fa paura?
- Cosa fai per vincere la paura?
- Di cosa non hai paura (altri invece sì)?
- Hai mai fatto una prova di coraggio?
- Di cosa ha paura un bambino?
- Di cosa ha paura un adulto?

Racconta un episodio in cui hai avuto paura.

Ecco alcune parole utili per parlare di questo soggetto:

paura / pauroso · buio · coraggio / coraggioso · timido
sicuro di sé · estroverso · fiducia · fidarsi di qualcuno
conservare / tradire / scoprire un segreto · ascoltare di nascosto
confidare qualcosa a qualcuno · fare parte di un complotto

B Leggi i seguenti brani del romanzo *Io non ho paura* di Nicolò Ammaniti.

- Di cosa parla il libro? Fa' delle ipotesi basate su quello che hai letto. Distingui fra fatti e ipotesi.

Mia sorella Maria aveva cinque anni e mi seguiva con l'ostinazione di un bastardino tirato fuori da un canile.

- Devi salire al primo piano. Entrare. Attraversare tutta la casa e dalla finestra in fondo saltare sull'albero e scendere.

Un animale? Un cane? No… Cos'era? Era senza peli…bianco… una gamba…Una gamba!

A quel tempo papà faceva il camionista e stava fuori per molte settimane. Prendeva la merce e la portava al Nord.

Dovevo vedergli la faccia. La faccia è la cosa più importante. Dalla faccia si capisce tutto.

Se papà non mi voleva, se mi odiava, non mi importava, sarei rimasto lì. Potevo vivere senza famiglia, come gli orfani.

Dopo mangiato i miei genitori sono andati a riposare. La casa era un forno, ma loro riuscivano a dormire lo stesso. Era il momento adatto per cercare la pentola.

Cominciavo a rilassarmi, quando tutti insieme hanno urlato. – Ecco! Ecco! – Zitti! – State zitti! … Dietro il giornalista c'era la foto del bambino.

Era biondo. Tutto pulito, tutto pettinato, tutto bello, con una camicia a quadretti, sorrideva e tra le mani stringeva la locomotiva di un trenino elettrico.

da: Nicolò Ammaniti, *Io non ho paura*, Einaudi 2001

C Ascolta.

Chi dice cosa?

Michele (io), Maria, il Teschio (il capo della banda), Barbara (la ragazza cicciona)

citazione	nome
Ti sei fatta male?	
Voglio fare quello che fai tu!	
Chi arriva ultimo paga penitenza.	
Va bene, tua sorella non gareggia.	
È troppo piccola.	
Non sono troppo piccola!	
Voglio fare anch'io la gara!	
Che fai, non vai dalla sorellina?	
Maria, mi hai fatto perdere la gara!	

D Ecco un riassunto (disordinato) della storia

→ Metti le frasi nell'ordine (1 – 7).

Quando a casa di Michele arriva da Roma Sergio, un amico di suo padre, Michele capisce tutto: Filippo è stato rapito. Papà, Sergio ed altri compari stanno cercando di avere il riscatto dai genitori.

Siamo nel profondo Sud dell'Italia del 1978. L'estate è più calda che mai. Mentre gli adulti si rinchiudono nelle loro case, i bambini, sulle loro biciclette, si avventurano nelle campagne abbandonate di Acqua Traverse.

È tutto sporco, non parla e ha paura della luce. Michele pensa prima che sia un fantasma poi riesce a parlare al ragazzo.

Michele deve sempre occuparsi di lei. Maria lo accompagna anche nelle lunghe pedalate in campagna, alla ricerca di avventure.

Una di queste "escursioni" porta Michele all'interno di una casa abbandonata che i ragazzi non avevano mai visto perché era lontana dal paese, nascosta dietro una collina. Davanti a questa casa Michele, essendoci ritornato da solo, scopre un ragazzino della sua stessa età, nascosto in un buco al buio.

Michele è uno di loro ed è la voce narrante che ci racconta questa storia lontana, del tempo in cui aveva nove anni. La sua famiglia è composta di un padre camionista che vuole cambiare vita, una madre casalinga, una sorellina, Maria, la più piccola del gruppo di ragazzini.

La situazione si aggrava, quando la polizia sta perlustrando la zona...

E Ecco alcune foto tratte dalla versione cinematografica di *Io non ho paura.*

➜ Commenta le foto.

- Cosa si vede?
- Cosa sta succedendo?
- Cosa succederà dopo?

➜ Approfondimento per chi conosce la storia:

Parla della scena in cui
- i ragazzi fanno una gara
- Michele scopre Filippo nascosto
- Michele di notte partecipa di nascosto alla conversazione dei grandi

Secondo te, ...
- Il padre tratta male la madre?
- Il ragazzo avrebbe dovuto obbedire al padre?
- La madre era consapevole della situazione?

Ecco alcuni oggetti che hanno una certa importanza nella storia. Parlane per un minuto.

la bicicletta nuova	*la bicicletta vecchia*
gli occhiali della bambina	
i soldatini dell'amico	*il secchio dell'acqua*
la pentola rossa	

6

CORRIERE DELLA SERA.it

Ex rapito partecipa a reality show

Da sequestrato a recluso volontario Augusto De Megni al Grande Fratello

Si tratta di Augusto De Megni, che oggi ha 26 anni. Quando ne aveva 10, era stato sequestrato il 3 ottobre 1990 e tenuto segregato per 110 giorni, fino alla liberazione avvenuta il 29 gennaio '91. «Sono la testimonianza di come una persona possa buttarsi alle spalle anche un'esperienza drammatica come la mia», ha detto oggi De Megni alle telecamere di Studio Aperto.
Il Tg1 ha mandato oggi in onda un'intervista in cui aveva raccontato la sua esperienza. «Dieci anni sono pochi ma capisci cosa ti sta succedendo; io sono stato in posizione fetale per quasi quattro mesi; il terrore è una cosa più grande di te, non la controlli; gli elicotteri che giravano sulla zona, l'agitazione dei carcerieri». Così, dopo aver vissuto per circa quattro mesi un vero pericoloso sequestro, il ragazzo si appresta ad affrontare la prigionia del Gf, forse per esorcizzare l'esperienza traumatica vissuta da bambino.

IL RAPIMENTO - Il rapimento era avvenuto di sera. Quattro banditi armati e con il volto coperto avevano fatto irruzione nella villa De Megni. Un'operazione rapidissima, di pochi minuti. In casa c'erano soltanto Dino De Megni e suo figlio, Augusto, dieci anni. Il padrone di casa venne legato e imbavagliato. Il bambino fu portato via dai rapitori. Il sequestro durò quasi quattro mesi. Un tempo interminabile per la famiglia, che interruppe a tratti il silenzio stampa per lanciare appelli e messaggi ai rapitori. La richiesta dei sequestratori fu di 20 miliardi di lire e arrivò solo dopo 27 giorni dal sequestro. I familiari tentarono di trattare, mentre la polizia scelse la linea dura. I sequestratori, da parte loro, sapevano che i De Megni potevano permettersi quella cifra. Il padre ed il nonno di Augusto, appartenevano a una delle famiglie più ricche di Perugia, possedendo addirittura una banca.
Il 22 gennaio del '91 gli agenti della polizia scoprono la prigione dove Augusto è tenuto prigioniero. L'irruzione nel casolare è rapida, ma uno dei banditi punta una pistola dritta sulla tempia del bambino. Vuole trattare, cercare un accordo, salvarsi. Passerà più di mezz'ora prima che decida di mettere giù l'arma e lasciarsi arrestare. Augusto De Megni ora è libero. Nel giro di una mezz'ora l'immagine di quel bambino, avvolto in un giubbotto troppo grande per la sua età, finirà su tutti i telegiornali della sera. Sereno ed equilibrato dirà ai giornalisti:«Sono stato trattato abbastanza bene, stavo in una piccola prigione e leggevo il giornale tutti i giorni. So che è scoppiata la guerra, ne ho discusso anche con i miei rapitori».

Pochi mesi dopo la liberazione arrivarono le condanne: 30 anni a Sebastiano Murreddu, considerato l' organizzatore del rapimento e uno degli esecutori, Francesco Goddi, sospettato di essere il basista e a Giovanni Talanas, uno dei carcerieri. Ventitrè anni a Giovanni Goddi, fratello di Francesco, e Giovanni Farina, anch'egli tra gli esecutori. Venti anni ad Antonio Staffa, il «carceriere buono», che il tribunale ha dispensato dal risarcimento dei danni alla famiglia De Megni proprio per volere del piccolo Augusto. «È stato gentile con me - disse il bambino agli inquirenti - una notte avevo freddo, e lui mi ha dato la sua coperta».

20 gennaio 2006

A
- → Riassumi il testo in cinque frasi.
- → Trova la foto dell'ex rapito in Internet e leggi altri articoli sulla vicenda.
- → Quali domande faresti ad Augusto De Megni? Scrivi un'intervista.

B Effettuate una ricerca su Internet. Raccogliete vari esempi di sequestri in Italia.

7

Federico Moccia, l'autore del romanzo *Tre metri sopra il cielo:*

E' uscito "Ho voglia di te". Sono curioso, emozionato e contento. E mi fa piacere dirvelo. E spero che vi piaccia. Sì, la storia continua. Step torna a Roma. Accadono tante cose, alcune belle, alcune divertenti, altre dolorose, e tante altre ancora, bellissime. Una poi è sorprendente, proprio come a volte è la vita. Quella vita che ti spiazza, che ti lascia senza parole, che ti fa credere nell'amore e che i sogni si possano realizzare... Sì, a volte la vita ti fa sognare. Ma vi prego, il finale, non lo raccontate a nessuno...

Leggi cosa scrivono i lettori nel forum della Feltrinelli.

→ Cerca delle espressioni tipiche per lo stile di un blog e anche degli "errori". Si può scrivere in questo modo? Cosa ne pensi? Discutete.

FELTRINELLI FORUM

La piazza dove i lettori Feltrinelli si incontrano.

QUALCUNO HA GIÀ LETTO QUALCHE PAGINA???

Sono troppo curiosa cavolo... in pausa caffè andrò a comprarlo e non vedo l'ora di tornare a casa per leggermi qualche pagina. Ma qualcuno di voi per caso ha già iniziato?

Ho appena letto 3MSC. Penso sia stato il più bel libro del mio 2005... segue a ruota "Ti prendo e ti porto via" di Ammaniti che vi consiglio... adesso vado avanti con HVDT.

Io sto leggendo... ma vado piano, cn calma!!! ke se no passa subito..

Ma daiii... non ci credo... pensavo di essere l'unica a leggere l'ultima pagina dei libri che compro... Ditemi solo una cosa: se leggo l'ultima di Ho voglia di te capisco qualcosa? Mi rovino davvero qualcosa? Se è così non la leggo...

io l'ho comprato ieri..mi ero ripromessa di nn leggerlo prima di martedì,qnd nn avrò più esami da fare..ma.. nn ho resistito..e sn già a pagina 80!!mi ha già fatto emozionare..

anke io lo sto leggendo ma n vorrei saperla l'ultima parola.. voglio arrivarci leggendomelo tutto... daltr'onde è 1 libro fantastico!! io sn arrivata a Gin e vi dirò ke mi sta molto simpatica e a voi????

anke a me sta mlt simpatica..però è strano vedere step cn1altra..

Io ho comprato il libro giovedi e l'ho iniziato subito... sono già a pagina 286.. è stupendo.. non vedo l'ora di finirlo... un bacione a tutti...

ma ragazzi voi siete troppo avanti io ancora non ho comprato il libro!!!!! quindi mi devo dare una mossa!!!!!!!!!!!!!

8

Pensa ad un libro che hai letto recentemente (non dev'essere un libro italiano) e rispondi alle domande del questionario. Poi riferisci le informazioni al tuo vicino / alla tua vicina.

Dove hai acquistato questo libro?

☐ libreria ☐ supermercato ☐ edicola

Come sei venuto a conoscenza di questo libro?
Visto in:

☐ TV ☐ stampa ☐ consiglio di amici
☐ libreria ☐ edicola ☐ supermercato

Hai acquistato altri titoli della stessa collana / casa editrice?

☐ sì ☐ no

Se sì quanti? ...

Pensi di acquistare altri titoli della stessa collana / casa editrice?

☐ sì ☐ no

Hai letto altre opere dello stesso autore / della stessa autrice?

☐ sì ☐ no

Quanti libri compri in un anno?

☐ meno di 5 ☐ da 5 a 10 ☐ più di 10

La maggior parte dei libri che acquisti ha un prezzo:

☐ inferiore a 7€ ☐ superiore a 7€

Che genere di letteratura preferisci?

☐ romanzi letterari ☐ romanzi di svago ed evasione
☐ romanzi rosa ☐ saggi tecnico-scientifici / storici
☐ saggi d'attualità ☐ gialli / spionaggio
☐ manuali ☐ fantascienza
☐ azione / thriller ☐ altro

Quale autore vorresti leggere in futuro?

....

Dati anagrafici: ☐ maschile ☐ femminile

Età ☐ 11 – 17 ☐ 17 – 24 ☐ 24 – 44 ☐ oltre 44

Titolo di studio ☐ elementare ☐ scuola media ☐ università

Professione ☐ studente ☐ impiegato ☐ operaio ☐ casalinga
☐ insegnante ☐ commerciante ☐ dirigente
☐ pensionato ☐ altro ☐ libero professionista

(adattato da: Alice Sturiale, *Il libro di Alice*)

9

A

la Repubblica.it

La Mazzantini vince lo Strega

di FRANCESCO ERBANI

ROMA - Margaret Mazzantini, autrice di *Non ti muovere* (Mondadori), ha vinto il premio Strega di quest'anno. A lei sono andati 198 voti. Ampio il distacco da Ermanno Rea, che ha scritto *La dismissione* (Rizzoli): 132.

da: *Repubblica*, luglio 2002

La Mazzantini con il marito Sergio Castellitto

➜ Quali sono i premi letterari che conoscete?

B

27

Ascolta e completa.

STREGA

Il Premio Strega è uno dei premi letterari più .... d'Italia. Inizialmente (nel ....) fu creato nell'ambiente privato del salotto in casa Bellonci in cui si riunivano intellettuali, scrittori, giornalisti. Loro, chiamati Amici della Domenica, eleggevano il .... del premio. Oggi la giuria consiste di .... persone che fanno parte del mondo culturale dell'Italia. Per essere nominato, bisogna avere il supporto di due membri della .... In seguito alla denominazione avvengono due turni. Vince chi ottiene la maggioranza dei punti. Il premio è dotato di 5.000 euro, una somma "modesta" se la confrontiamo ad esempio con il Premio Campiello (10.000 €) o al Premio Bagutta (25.000 €). Il .... del Premio Strega rimane però insuperabile.

➜ Secondo voi, cos'è cambiato nella vita di Margaret Mazzantini da quando ha vinto questo premio?

C

„quartetto letterario"

➜ Organizzate una "discussione degli esperti" su un libro che avete letto. (Non dev'essere un libro italiano.)

D

➜ Create un premio letterario.
Dategli un nome, elaborate le modalità, preparate una cerimonia e definite un premio.

➜ Scegliete un tema scritto da voi in italiano che vi è riuscito bene e nominatelo per il premio.

➜ Organizzate una lettura dei testi e poi una premiazione dei vincitori.

10

passaLibro
Bookcrossing italiano

In America si chiama "Bookcrossing", ed è uno dei fenomeni socio-culturali del momento. Il nome è americano perché l'idea è di un trentaseienne del Kansas, Ron Allen Hornbake. Chi ne condivide la filosofia lascia in giro i libri preferiti per permettere anche ad altri di leggerli. In questo modo il 'rilascio' del libro diviene un gesto comunicativo, un voler condividere con gli altri qualcosa che si è amato. Così nasce una comunità di amanti dei libri che si incontrano virtualmente in internet per donare o ricevere un libro giudicato particolarmente importante e significativo, che a sua volta sarà poi donato o ricevuto tante volte che troverà un nuovo lettore disposto ad accoglierlo.
Sul sito il libro viene registrato ed è poi possibile sapere dove è stato lasciato, regalato, volutamente dimenticato, dato in beneficenza... il libro inizia così un lungo viaggio, le cui tappe sono indissolubilmente legate agli spostamenti della persona che trova il volume, lo legge, e poi lo riconsegna all'avventura di un nuovo lettore, comunicandone la nuova ubicazione. Tra i posti di ritrovo più curiosi, il settore calze della Rinascente di Piazza Fiume a Roma e il camerino di prova dell'Oviesse di Viale Trastevere. E' un modo di rendere giustizia e far vivere un libro che molte volte rischia la morte civile in qualche caotica biblioteca privata. Il fenomeno è dunque legato a circostanze puramente casuali e quindi indipendenti dalle logiche del mercato. Permette di conquistare lettori che per motivi geografici o economici sono irraggiungibili.

"QUESTO NON E' UN LIBRO ABBANDONATO, MA UN LIBRO CHE CERCA LETTORI. CHI LO TROVA, LO LEGGA E LO FACCIA CIRCOLARE, E NE DIA NOTIZIA A FAHRENHEIT, RAI RADIO3, 06 3244958 oppure attraverso il sito www.fahrenheit.rai.it nella sezione "Passalibro".

- ➜ Presenta e riassumi il testo in poche frasi.
- ➜ Qual è la "missione" dell'emissione Fahrenheit?
- ➜ Secondo te, questo fenomeno resterà un piacere condiviso da pochi, o verrà presto praticato da chiunque?
- ➜ Immagina di aver trovato un libro destinato a circolare. Scrivi nel tuo diario.
- ➜ Quale sarebbe il libro che tu sceglieresti per farlo circolare? Spiega la tua scelta.

Passo per passo	Klar!	Noch unsicher
Ich kann über meine Lesegewohnheiten und Präferenzen Auskunft geben.		
Ich kann eine Erzählung oder ein Drama zusammenfassen.		
Ich kann ein literarisches Werk charakterisieren und Fragen dazu stellen.		
Ich kenne einige Größen der italienischen Literaturgeschichte und kann einiges über sie sagen.		
Ich kann den Roman *"Io non ho paura"* verstehen und kommentieren.		
Ich erkenne die häufigsten Formen des *passato remoto* und kann diese mühelos verstehen.		
Ich kann einige zeitgenössische italienische Autoren nennen.		
Ich kann Tipps zu zeitgenössischen Büchern geben.		

Parole

la poesia
il romanzo
la commedia
la tragedia
la novella
le memorie
la (l'auto)biografia
il giallo
il romanzo rosa
il thriller
il libro di fantascienza

il periodo
il ventesimo secolo
il novecento

il premio letterario
la giuria
il vincitore
la vincitrice
la premiazione
la casa editrice
la copia
la copertina
la raccolta
la libreria
la biblioteca

il testo
la trama
la storia è ambientata a/in ...
il capitolo
il brano
la rima
il verso
la citazione
il riassunto
il commento
la recensione
il questionario
il critico
il lettore/la lettrice
lo scrittore/la scrittrice
l'autore/l'autrice
il poeta
il narratore/la narratrice
il personaggio
il protagonista

il capolavoro
l'opera (maggiore)
il successo
lo stile
la lingua
il linguaggio

leggere
scrivere
rilassarsi
raccogliersi
consigliare
paragonare
impressionare
vincere

avvincente
commovente
appassionante
stimolante
straordinario
divertente
noioso
polemico
apprezzato
difficile da leggere

la fatica
la noia
il sentimento
l'emozione

il piacere di leggere
tempo perso

---

il sequestro
la prova di coraggio
avere paura di
la paura / pauroso
il segreto
conservare/scoprire/tradire un segreto
confidare un segreto
pagare una penitenza
fare una gara
il coraggio / coraggioso
sicuro di se
la fiducia
fidarsi di qualcuno
di nascosto
al giorno d'oggi
darsi una mossa

disse
chiese
rispose
svegliò
tirò
arrivarono
andai
andammo
mostrò
accompagnai
andai
fu
sentii
trovò

andare al cinema

1 **A** Cerca qualcuno che...

guarda spesso film in versione originale:
che s'interessa di film italiani:
che preferisce film d'azione o d'avventura:
a cui non piacciono i film tipo Hollywood:
che ama film d'amore o sentimentali:
che non guarda film dell'orrore:
che ha una collezione di film di fantascienza:
che conosce il cinema asiatico:
che ha una passione per i gialli o i thriller:
che non va mai al cinema perché "tanto c'è la televisione":
a cui piacciono i film in bianco e nero:
che ama i cartoni animati:
che ha già visto un film muto:
che ha gia visto un documentario al cinema:

28 **B** **Ascolta e rispondi alle domande seguenti.**

Che film ha visto?
Con chi?
Quanto è costato il biglietto?
Quante volte al mese va al cinema?
Le è piaciuto il film?
Andrebbe a rivederlo?

---

2 **A**

→ neorealismo → commedia all'italiana → cinema sociale e politico
→ spaghetti-western → nuovo cinema italiano

Trova una foto per ogni genere.
Che tipo di film t'interessa?

29 - 35 **B** **Ascolta e prendi degli appunti.**
Poi scambiatevi le vostre idee sui diversi tipi di film.

Cinecittà	*Divorzio all'italiana*
neorealismo	Pier Paolo Pasolini
La dolce vita	Ennio Morricone

C

Neorealismo – un fenomeno italiano

Siamo nell'Italia del dopoguerra. Povertà e disoccupazione sono all'ordine del giorno. Un padre di famiglia ha finalmente trovato lavoro: deve attaccare manifesti pubblicitari. Quando gli viene rubata la bicicletta è terrorizzato per la paura di perdere il suo lavoro e tenta, a sua volta, il furto di una bicicletta.
Fermato dalla folla è aggredito e picchiato: le lacrime del figlio convincono la gente a lasciarlo libero. È la storia elementare raccontata in ***Ladri di biciclette***, un romanzo di Luigi Bartolini. Rielaborata da Cesare **Zavattini** diventerà il miglior film di Vittorio **De Sica**, uno dei più celebri registi del neorealismo.

Quasi per reazione alle falsità e alla retorica propagandistica dell'arte fascista, gli artisti italiani, nella letteratura e nel cinema, si misero a esplorare la **realtà** degli uomini comuni.

Le scene dei film venivano girate in **luoghi veri**, come le povere campagne del Sud o le città distrutte dai bombardamenti. I protagonisti erano **gente comune**, e spesso i registi sceglievano attori **non professionisti** per ottenere un maggiore realismo. Le vicende raccontavano storie umane vissute nella seconda guerra mondiale, durante la Resistenza partigiana o negli anni difficili dell'immediato dopoguerra.
Gli sceneggiatori preferivano il **linguaggio quotidiano**, talvolta il **dialetto** di realtà regionali italiane spesso sconosciute.
I film neorealisti più noti, capolavori riconosciuti del cinema italiano, furono ***Paisà*** e ***Roma città aperta*** di Roberto **Rossellini**, ***Ladri di biciclette*** e ***Sciuscià*** di Vittorio **De Sica**, ***La terra trema*** di Luchino **Visconti** e ***Riso amaro*** di Giuseppe **De Santis**.

→ Trova nel testo le espressioni italiane per:

Nachkriegszeit ....

zweiter Weltkrieg ....

Alltagssprache ....

einfache Leute ....

die Szene wurde gedreht ....

die Darsteller waren keine Professionisten ....

....

Zavattini war Drehbuchautor ....

De Sica war Regisseur ....

die Meisterwerke des italienischen Films ....

....

→ Scrivete una serie di domande sul testo. Poi fatevi le domande e rispondeteci.
→ Traduci i titoli dei film in tedesco. Ne conosci qualcuno?

3 A Leggete, chiedete e commentate...

Pier Paolo Pasolini (Bologna, 1922 - Ostia, 1975), figura controversa di **intellettuale** del XX secolo, **filosofo, linguista, romanziere, scrittore di cinema e teatro, editorialista** su giornali e riviste, è stato anche **pittore** e **attore** nonché **uomo politico:** una versatilità culturale per molti versi unica e straordinaria.
Pasolini rappresenta un caso particolare e certamente il più emblematico del Novecento di come cinema e letteratura possano essere il prodotto alto di un solo autore.

il regista
Un intellettuale provocante e scomodo per la propria capacità di osservare con sguardo lucido le tante contraddizioni del suo tempo. Pasolini si serviva della macchina da presa per esprimere la sua personale visione del mondo, ricca di intuizioni sul futuro sviluppo della società capitalista. Senza preparazione tecnica, apprese il mestiere di regista sul campo, caratterizzandosi per un linguaggio cinematografico che riesce a essere insieme originale, provocatorio e stilisticamente riconoscibile. Il suo è un cinema di poesia che unisce la bellezza formale alla precisione crudele dell'immagine.

Filmografia
Accattone (1961),
Mamma Roma (1962),
La ricotta (1963),
La Rabbia - parte prima (1963),
Comizi d'amore (1964),
Sopralluoghi in Palestina (1964),
Il Vangelo secondo Matteo (1964),
Uccellacci e uccellini (1966),
La terra vista dalla luna (1966),
Che cosa sono le nuvole (1967),
Edipo Re (1967), Teorema (1968),
La sequenza del fiore di carta (1968),
Appunti per un film sull'India (1969), Porcile (1969),
Medea (1969), ***Decameron*** *(1971), I racconti di Canterbury (1972),*
Il fiore delle mille e una notte (1974), Salò o le 120 giornate di Sodoma (1975)

Nel suo film ***Decameron*** Pasolini riprende nove racconti di **Giovanni Boccaccio** e trasferisce l'azione a Napoli.

La prima novella è quella di **Andreuccio da Perugia** venuto a Napoli a comprare cavalli: viene derubato da una giovane che, assicurandogli di essere una sua sorella, lo deruba dopo averlo fatto cadere in un pozzo nero; dopodichè Andreuccio viene indotto da ladri sacrileghi a spogliare il cadavere di un arcivescovo e recupera un rubino che lo risarcisce abbondantemente del danno precedentemente subito.

Con ***Decameron*** Pasolini raggiunse per la prima volta un pubblico vasto ed eterogeneo. Il film occupò i primi posti nelle graduatorie degli incassi, non solo in Italia.

36

B Ascolta cosa dicono altri su Pasolini e prendi degli appunti.

Quali sono i diversi campi in cui ha lavorato? Conosci altre persone così dotate? Racconta.

4 37 **A** Ascolta e completa il testo seguente.

Siamo andati al museo del cinema di Torino, un museo tutto dedicato alla .... del cinema. E' situato nella Mole Antonelliana, alta .... metri. Il museo è suddiviso in 3 grandi parti: la prima è dedicata all'evoluzione delle macchine cinematografiche e ai giochi di ombre fatte con le mani.
La .... ci ha spiegato che il teatro delle ombre era un divertimento che potevano fare tutti, perchè c'era solo bisogno di una candela e un lenzuolo bianco. Nella seconda parte del museo invece ci sono oggetti e fotografie di attori e .... famosi: tra questi il cappello di Charlie Chaplin, la sciarpa e il cappello del famoso regista Federico .... Ci sono anche oggetti della famosa .... Marylin Monroe e maschere di celebri film. La terza e ultima parte invece rappresenta il .... del museo, dentro al quale ci sono piccole stanze dedicate ognuna a un film. Questo museo è davvero bello, ...!

LA MOLE ANTONELLIANA – Il museo nazionale del cinema

L'edificio fu iniziato nel 1863 su progetto di Alessandro Antonelli. Originariamente doveva essere la sinagoga di Torino. Tra problemi finanziari e polemiche sulla sua stabilità, i lavori furono ultimati solo nel 1889.
Di estrema importanza sia sotto il profilo dell'originalità strutturale (altezza 167 m.), quanto sotto quello della funzionalità, della flessibilità e dell'economia, è attualmente sede del nuovo Museo Nazionale del Cinema.
Un ascensore panoramico consente di accedere alla guglia in ogni periodo dell'anno. www.comune.torino.it

B Finisci le frasi.

L'edificio di cui si parla viene chiamato …
Prima di diventare un museo l'edificio era …
Il nome ufficiale del museo è …
La guglia è alta …
Per salirci, si prende …
È stato costruito tra il …

Cerca il sito ufficiale del museo in internet e informati sugli orari di apertura e le tariffe.

Il museo è aperto… Il biglietto d'ingresso costa …

C **Idee per un museo del cinema austriaco** (lavoro in gruppi)
Cosa mettereste voi in un tale museo? Discutete.

➜ Date un nome al vostro museo, create un logo e fate una lista di oggetti da esporre.

5 A Giovanna Mezzogiorno

Leggi il testo e segna le informazioni che ti sembrano importanti.

GIOVANNA MEZZOGIORNO

Giovanna Mezzogiorno (Roma, 9 novembre 1974) è una delle giovani attrici italiane più brave e apprezzate, non solo a livello nazionale, ma anche internazionale. È figlia d'arte, essendo nata da Vittorio e da Cecilia Sacchi. Studia recitazione e lavora per due anni a Parigi presso il laboratorio teatrale di Peter Brook. Il suo debutto cinematografico risale invece al 1997, nel film di Sergio Rubini *Il viaggio della sposa*, per il quale vince il **Premio Flaiano** come migliore interprete femminile. L'anno successivo recita in due film: *Del perduto amore*, di e con **Michele Placido** e nel film per la TV *Più leggero non basta* per la regia di Elisabetta Lodoli.

Tra il 2000 e il 2001 recita in alcune produzioni internazionali, ma soprattutto ottiene la parte di Giulia nel film di Gabriele Muccino *L'ultimo bacio*, a fianco di **Stefano Accorsi**, che diventerà suo compagno anche nella vita per un periodo, di **Stefania Sandrelli** e di **Sergio Castellitto**. Per la sua interpretazione riceve per la seconda volta il **Premio Flaiano** come migliore attrice.

Il 2002 la vede impegnata con un ruolo importante e difficile, quello di Ilaria Alpi, la giovane giornalista del Tg3 morta in circostanze ancora non chiarite durante la guerra in Somalia. Per questo ruolo viene premiata con il **Nastro d'Argento** per la miglior interpretazione femminile.

Seguono *Il segreto di Thomas* e soprattutto *La finestra di fronte*, di **Ferzan Ozpetek**, con **Raul Bova** e Massimo Girotti. In questo film recita la parte di Giovanna, una ragazza che grazie al misterioso incontro con un anziano che non ha più ricordi ritroverà la memoria dei propri sentimenti. Per *La finestra di fronte* Giovanna riceve numerosissimi premi, quali ad esempio il **Ciak d'Oro**, il **David di Donatello**, il **Nastro d'Argento** e ancora una volta il **Premio Flaiano**.

Nel 2003 è Lena nel film di Sergio Rubini *L'amore ritorna*, dove recita insieme allo stesso Rubini, a Michele Placido, a Mariangela Melato, a Fabrizio Bentivoglio e a **Margherita Buy**. Fra il 2003 e il 2004 la vediamo come protagonista nella commedia di produzione italo-francese *Il club delle promesse*. Riprende inoltre a recitare a teatro in *4.48 Psychosis*, un pezzo di Sarah Kane.

Nel 2005 è Sabina in *La bestia nel cuore* di **Cristina Comencini**, in cui interpreta una giovane produttrice che attraversa il lato oscuro della sua vita, legato ad un episodio di abuso. Grazie a questa interpretazione vince la **Coppa Volpi** per la miglior interpretazione femminile alla 62a Mostra internazionale d'arte cinematografica di Venezia. Il film è stato inserito nella cinquina dei candidati al premio Oscar 2006 come miglior film straniero.

da Wikipedia, l'enciclopedia libera.

B

Riassumi l'essenziale dei dati biografici.

luogo e data di nascita:
formazione:
primi successi:
filmografia:
premi:

Quali sono gli attori, le attrici, i registi con cui ha lavorato?

6

Ma che cos'ha di tanto speciale **Luigi Lo Cascio**?

Non è alto. E non è pieno di muscoli. Però l'attore palermitano ha un sorriso irresistibile. Una simpatia travolgente. E, soprattutto, è bravissimo. Tanto da far centro con ogni film.

di Lavinia Rittatore
da: *donna moderna*, ottobre 2003

filmografia:
Cento passi 2000, Luci dei miei occhi 2001, Il più bel giorno della mia vita 2002, La meglio gioventù 2002, Buongiorno notte 2003, Stessa rabbia, stessa primavera 2003, Mio cognato 2003 , Occhi di cristallo 2003, La vita che vorrei 2004, Manuale d'amore 2004?, La bestia nel cuore 2005, Mare nero 2006

A Intervista

Ricostruisci l'intervista a Luigi Lo Cascio. Abbina ad ogni risposta la rispettiva domanda.

Luigi Lo Cascio:

«È successo per caso, solo perché sono contemporaneamente in tre film di successo. Certo sono un po' confuso, ma è una confusione piacevole, gratificante».

«È arrivato tardi, a più di trent'anni, quindi ero già abbastanza maturo. Certo, mi fa piacere quando mi riconoscono per strada. Anche se spesso si stupiscono: "Sullo schermo sembri più alto, più bello..."».

«No, né pensavo che avrei mai fatto del cinema. Il mio grande amore è sempre stato il teatro. Ho lavorato dieci anni sul palcoscenico, e vedevo sì e no due film all'anno. Avevo un forte pregiudizio nei confronti del grande schermo, pensavo che fosse molto meno poetico del teatro, e poi non credevo di avere la faccia, la voce, la personalità adatte».

«Un giorno mi telefona mio zio, Luigi Burruano, l'attore che ne *I cento passi* fa mio padre. E mi dice: "Vieni subito qui, sto pranzando con Marco Tullio Giordana che è alla ricerca di un attore per il ruolo di Peppino Impastato, e non riesce a trovarlo"».

«Prima ho rifiutato. Che ci vado a fare, pensavo, che c'entro io con il cinema? Alla fine il regista mi ha convinto».

giornalista:

E poi com'è andata?
Sognava di diventare famoso?
Domanda d'obbligo: tutto questo successo l'ha cambiata? Come si sente a essere l'attore italiano del momento?
Che cosa l'ha convinta del contrario?

B Raccogliete una serie di aggettivi che descrivono l'attore.

Che tipo di uomo è ?
Che personaggi impersona?

7

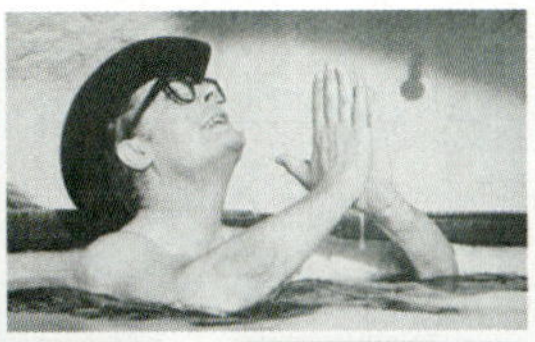

A I grandi del cinema

Scegli uno di questi rappresentanti del cinema italiano e fa una ricerca per preparare una presentazione della sua biografia, filmografia.

Marcello Mastroianni	Pier Paolo Pasolini
Sofia Loren	Francesco Rossellini
Vittori de Sica	Federico Fellini
Anna Magnani	Michelangelo Antonioni
Giancarlo Giannini	Luchino Visconti
Margherita Buy	Bernardo Bertolucci
Stefano Accorsi	Francesco Rosi
Sergio Castellino	Gabriele Salvatores
Enrico Lo Verso	Francesca Archibugi
Anna Galiena	Cristina Comencini
Silvio Orlando	Gianni Amelio
Giovanna Mezzogiorno	Ferzan Ozpetek
Valeria Bruni Tedeschi	Marco Tullio Giordana
Luigi Lo Cascio	Nanni Moretti

B Quali premi e festival cinematografici conosci?

Leone d'oro

David di Donatello

È il primo italiano a conquistare la statuetta. Dopo quarant'anni di silenzio. Prima di lui, solo la Magnani e la Loren.
ROBERTO BENIGNI
SPECIALE OSCAR 1999

- ➜ Qual è secondo te la differenza tra Hollywood e Venezia come ambiente per un festival?
- ➜ Quali possono essere i criteri per una premiazione?
- ➜ Scrivi il monologo interiore di Sofia Loren nel momento in cui consegna l'Oscar a Benigni.

8 A Citazioni

Chi avrà pronunciato questa battuta? In quali circostanze?
Immaginate per ogni citazione un contesto:

"Come? Lei non ha mai sentito parlare della Sacher Torte? Bene, continuiamo così, facciamoci del male!". Nanni Moretti, *Bianca*

"A me invece Roma piace moltissimo: una specie di giungla, tiepida, tranquilla, dove ci si può nascondere bene." Marcello Mastroianni, *La dolce vita*

"Se a Milano quando c'è nebbia non si vede, come fanno i milanesi a vedere se c'è nebbia?" Totò, *Totò, Peppina e la ... malafemmina*

„Ma più che l'amore contano i sentimenti, e io ne ho tanto di sentimento dentro di me ... Ma a chi lo do? Chi è che lo vuole?" Magali Noel, *Amarcord*

"Prima o poi arriva un tempo che parlare o stare muti è la stessa cosa. E allora è meglio starsi zitti." Philippe Noiret, *Nuovo Cinema Paradiso.*

"Maccarone, m'hai provocato e io ti distruggo adesso: io me te magno." Alberto Sordi, *Un americano a Roma*

"Lo sa che io non ho mai letto un libro tutto intero in vita mia? Mai! Però le introduzioni, i risvolti di copertina, le prefazioni ... Eh, quelle non le ho dimenticate, eh?! ... Non ho dimenticato niente." Nanni Moretti, *Il portaborse*

"Non fidarti dei poeti vestiti da poeta, figliolo: di solito non producono niente." Vittorio Gassman, *Lo zio indegno*

"Avevamo dei progetti: sposarci, comprarci una Lambretta, fare dei bambini, non necessariamente in quest'ordine". Stefania Sandrelli, *C'eravamo tanto amati*

"Io le scuse le accetto a casa mia dalle diciassette alle venti e non oltre." Totò, *Totò, Fabrizi e i giovani d'oggi*

Lavorate a coppie.
Scegliete una battuta e mettetela in un contesto.

➜ Presentate una miniscena.

B Gioco di ruolo

Fate un gioco di ruolo tra un/a regista e un produttore/una produttrice che discutono su chi è l'attore/l'attrice adatto/a al ruolo principale nel loro prossimo film. Prima mettetevi d'accordo sul titolo del film, sul tema, sul ruolo del/la protagonista.

C Fai da te

Come si possono fare 15.751 film nello stile di **Michelangelo Antonioni**? Risponde **Umberto Eco** in *Do your movie yourself.*

Una distesa desolata. Ella si allontana.

Una (x) distesa (y) desolata (z). Ella (k) si allontana (n).

Trasformazioni

x Due*, tre*, infinite*. Un reticolo di. Un labirinto di. Un.

y Isola. Città. Snodi di autostrade. Autogrill Pavesi. Sotterraneo di metro. Campo petrolifero. Pioltello Nuova. Eur. Stock di tubi Dal mine all'aperto. Cimitero di automobili.

Fiat Mirafiori di domenica. Expo dopo la chiusura. Centro spaziale a ferragosto. Campus della University of California-Los Angeles mentre gli studenti sono a Washington. Fiumicino.

z Vuota. A perdita d'occhio. Con visibilità incerta per riverberi solari. Nebbiosa. Resa impraticabile da sbarramenti a griglia a maglie larghe. Radioattiva. Deformata da grandangolare.

k Lui. Entrambi*.

n Sta lì. Tocca a lungo un oggetto. Si allontana poi si ferma perplessa, fa due passi indietro e si allontana di nuovo. Non si allontana ma la camera carrella indietro. Guarda la camera con volto inespressivo toccandosi il foulard.

da: Umberto Eco, *Do your movie yourself, Diario Minimo*, Bompiani 1963

* In questo caso bisogna adattare la grammatica.

→ Leggetevi tante versioni di un film "à l'Antonioni".
→ Avete capito di che tipo sono i film di questo regista? Spiegate.
→ Fate una vostra proposta per un *Do your movie yourself*.

D

Cast del film: ***Il Caimano***
regia: Nanni Moretti
attori: Silvio Orlando, Margherita Buy, Jasmine Trinca, Michele Placido...
soggetto: Nanni Moretti, Heidrun Schleef
sceneggiatura: Nanni Moretti, Francesco Piccolo, Federica Pontremoli
fotografia: Arnaldo Catinari **musiche:** Franco Piersanti
montaggio: Esmeralda Calabria **costumi:** Lina Nerli Taviani
scenografia: Giancarlo Basili
distribuito da: Sacher Distribuzione (2006)
prodotto da: Angelo Barbagallo e Nanni Moretti per Sacher Film, Bac Films, Stephan Films, France 3 Cinema, Wild Bunch, Canal +, Cinecinema

Il regista	mette in scena/dirige un film.
L'attore	si occupa del finanziamento del film.
Il soggettista	sceglie e collega le varie parti del film.
Lo sceneggiatore	interpreta un ruolo, recita nel film.
Il fotografo	scrive il racconto che sta alla base del film.
Il compositore (o l'addetto alla musica)	si occupa delle inquadrature.
Il montatore	veste gli attori.
Il costumista	amministra i diritti.
Lo scenografo	ne fa un copione.
Il distributore	crea la colonna sonora di un film o trova i pezzi musicali adatti.
Il produttore	disegna le scene o sceglie i luoghi dove viene girato il film.

E Girare un film

Avreste voglia di girare un film insieme?
Sviluppate una trama, strutturatela in varie scene.
A gruppi, scrivete i dialoghi per le singole scene. Poi mettetele in scena.

9

IL GRANDE COCOMERO (Italia, 1993)

Regia: Francesca Archibugi
Sceneggiatura: Francesca Archibugi
Produzione: Leo Pescarolo, Guido de Laurentiis e Fulvio Lucisano
Musica: Roberto Gatto e Battista Lena
Interpreti: Sergio Castellitto, Alessia Fugardi, Anna Galiena, Armando De Razza, Victor Cavallo, Laura Betti

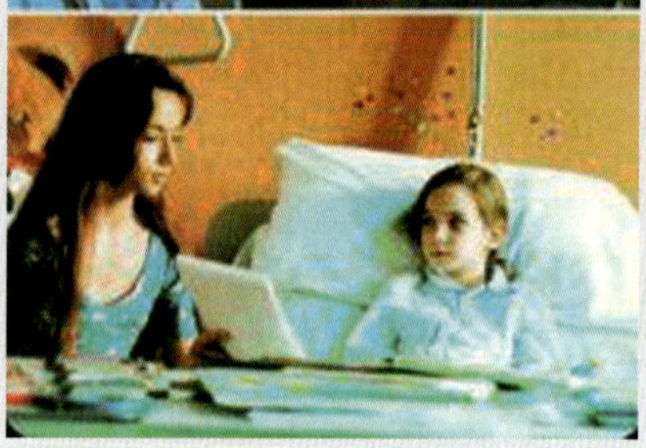

Il film racconta la storia di una dodicenne, Valentina, detta Pippi, che in seguito ad un attacco d'epilessia è ricoverata nel reparto di **neuropsichiatria** infantile del policlinico di Roma. Un giovane **psichiatra, Arturo**, accoglie la ragazzina nel suo reparto, preso da spontaneo interesse per lei. Pippi rivela un carattere provocatorio che implica dei difficili rapporti coi genitori, per cui Arturo si propone di tentare con lei una **terapia analitica**, studiandone attentamente le reazioni, al fine di portarla alla "normalità". Il medico scopre così che la ragazza non può trovare né sicurezza né affetto **nell'ambiente familiare**, superficiale e contraddittorio perché al tempo stesso protettivo, ma caratterizzato anche dall'indifferenza reciproca.

Al contrario nel reparto, nonostante le mancanze strutturali e organizzative e insufficienza del personale, la ragazzina, grazie all'affetto e all'interesse manifestato dal terapista piano piano si apre con crescente **fiducia**, riuscendo ad instaurare anche un rapporto d'amicizia con una bambina cerebrolesa, cui dedica il proprio tempo e le proprie attenzioni.
Sarà proprio la morte della bimba a scatenare il rifiuto di Pippi nei confronti di Arturo, provocando in lei una **crisi epilettica** di protesta che fornirà allo psichiatra la chiave di un appropriato intervento per condurla alla guarigione.

http://www.ac-grenoble.fr

A Comprensione

Sottolinea altre 5 espressioni che ti sembrano essenziali per la comprensione del testo.
Poi formula delle nuove frasi con questi termini:
esempio → *Pippi vive in un* ***ambiente familiare*** *difficile.*

B Intervista

Immagina di avere di fronte Francesca Archibugi, la regista del film *Il grande Cocomero*.
Che domande vorresti farle? Fa' l'intervista.

C Immaginate la situazione.

Commentate le foto. Spiegate cosa sta succedendo.

→ Cosa sta pensando la donna con il foulard blu in testa?
A cosa pensa l'autista dell'Ape (il veicolo a motore) sulla foto di destra?
Scrivi il monologo interiore di una delle due persone.

D Progetto film

Organizzatevi un film italiano (su dvd o video).

→ **materiale da trovare**
un articolo sullo stesso film / un articolo che riguardi uno dei temi trattati nel film / un articolo sul regista / una critica del film / illustrazioni (quanto riuscite a trovare)

→ **handout da preparare**
cast / riassunto della trama in 5 frasi / presentazione schematica della storia

→ **testi da scrivere**
trascrizione di una scena interessante / giustificazione della scelta / descrizione di un personaggio del film (+ giustificazione della scelta)

→ **da presentare**
presentazione introduttiva (distribuzione del foglio di presentazione)
visione della o delle scene più importanti + spiegazioni sul contesto (chi a che momento della storia, perché...) / eventuale lavoro in classe con il testo trascritto / eventuale discussione

10 **A** Qual è il tema di questo forum? Secondo te cosa vuol dire *pomiciata?*

FORUM

per quelli come me che hanno...
... bisogno di una donna, di una partner per andare al cinema. Io vado al cinema solo con una ragazza perché per me cinema è sinonimo di pomiciate.
Per chi la pensa come me, questo è il forum giusto.. Cambieremo mai? Va bene così?

Anche io la penso come te...e proprio nei prossimi giorni devo andare al cinema...per cui devo trovare una accompagnatrice con la quale andarci...
scherzi a parte... anche voi ragazze la dovreste pensare così...al cinema si va con una persona del sesso opposto...non credete?
Io al cinema ci vado sia con le amiche ma anche con AMICI di sesso maschile.. ma DI CERTO NON PER LIMONARE!!!!!!!!!!!!!!!!
Ma mi spiego così male???? Non sono mai andato al cinema SOLO PER sbaciucchiarmi!! Io non vado al cinema per limonare, io vado per vedere il film. Solo che statisticamente non vado MAI con gli amici, ma vado SOLO quando ho da approfondire qualche conoscenza femminile. Com'era prevedibile sono stato frainteso. Spero di averlo chiarito.
Mah... se non trovi lo stimolo per andare lo stesso vuol dire che non sei appassionato di cinema.. limonare al cinema che tristezza...
NON VADO PER LIMONARE... ma succede perché porto sempre qualche ragazza con cui c'è feeling e non resisto a non scambiarmi almeno un bacetto.
Probabilmente devo tornare a scuola ad imparare come si scrive e devo fare qualche lezione per imparare ad esprimermi meglio, nessuno capisce ciò che voglio dire!

http://www.trevisoparty.it/forum

Quante persone discutono in questo forum? Spiega brevemente quali sono le loro opinioni. Trova le espressioni per:
Wer meiner Meinung ist; ich bin deiner Meinung; „Schmäh ohne"; glaubt ihr nicht?; schmusen; Bekanntschaften vertiefen; ich wurde missverstanden; „Kinofreak".

B Abitudini

Tu, con chi vai al cinema? Che cinema preferisci? Ti piace mangiare il popcorn al cinema, o ti da fastidio se qualcuno lo fa? Per te, cos'è importante al cinema?

➜ Scrivi una pagina di diario in cui racconti una tua esperienza al cinema.

C

BARBERINI **ROMA** **Indirizzo:** Piazza Barberini, 24,25,26
Zona: Centro
Tel: 06 4821082
Prezzo: intero euro 7.50 - mercoledì euro 5.50 - mattina e pomeriggio euro 4.50
Come arrivare: In Metro: Linea A, fermata P.zza Barberini, a circa 50 metri dalla Multisala. Autobus: 52, 53, 80, 60, 61, 95, 492.
Sito Internet: http://www.multisalabarberini.it
Offerte Particolari: Promozioni per scuole e comitive - convenzioni enti vari - Tessere prepagate
Ristrutturato: 2000

➜ Presenta il Cinema Barberini.
➜ Immagina di essere nella sala del cinema Barberini. Con chi sei? Cosa succede intorno a te? A cosa pensi? Scrivi un monologo interiore.

11 A Ascolta la discussione.

- → Su cosa non vanno d'accordo?
- → Quali sono le due proposte? Cosa? Dove? Quando?
- → Riassumi il dialogo in cinque frasi.
- → Secondo te, come finirà questa storia?
- → Tu, che ne pensi delle versioni originali?

B Cosa guardano i due?

È meglio andare a vedere un film al cinema o guardarselo su DVD? Quali sono i vantaggi di una visione "privata".

Discutete.

C Avete un videoproiettore in classe?

Leggete le istruzioni per l'uso. Poi fate un dialogo con un compagno. Uno fa le domande (→ *Cosa devo fare per primo*?) e l'altro dà le spiegazioni.

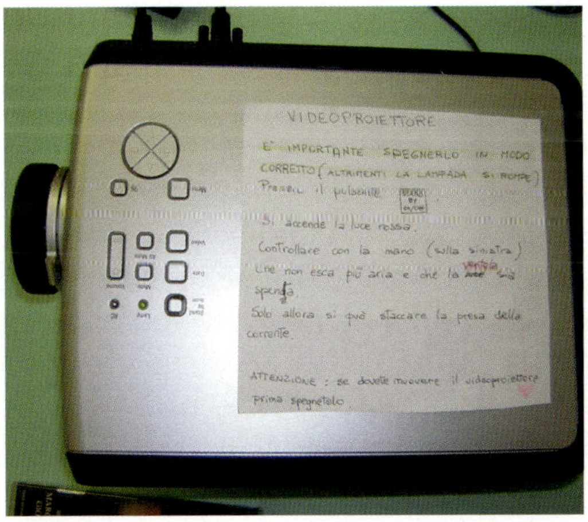

VIDEOPROIETTORE → Dopo la visione è importante spegnerlo IN MODO CORRETTO !!! (ALTRIMENTI LA LAMPADA SI ROMPE)
Premere il pulsante (stand by)
Si accende la luce rossa.
Controllare con la mano (sulla sinistra) che non esca più aria e che la ventola sia spenta.
Solo allora si può staccare la presa della corrente.
ATTENZIONE: se dovete muovere il videoproiettore prima spengnetelo.

---

12 A Quiz sul cinema italiano

In base al capitolo sul cinema prepara una serie di domande sul tema. Poi ognuno si trova un partner per fare un duello. Chi ha più domande? Chi sa rispondere meglio?

B Formate due gruppi. Ascoltate le domande e rispondete.

13

Da cinema della mafia a centro culturale

Roma, un edificio sottratto alla banda della Magliana sarà un laboratorio di cinema. E' possibile grazie alla legge 109/96, che devolve alla gente i beni della criminalità.

Laura Educati

Una sala cinematografica che apparteneva alla banda della Magliana diventerà un centro della cultura visiva e un laboratorio di cinema per gli abitanti del quartiere. Accade a Roma, al Pigneto, storico quartiere della periferia orientale, schiacciato tra la Predestina* e la Casilina*. E accade grazie ad una legge, la 109 del 1996, in base alla quale i beni sequestrati alle mafie vengono restituiti a cooperative per finalità sociali. Il centro - chiuso per ristrutturazione fino all'estate del 2006 - si chiamerà Nuovo Cinema Aquila, comprenderà tre sale cinematografiche, sale espositive, spazi culturali e un negozio di libri, cd e dvd tutti dedicati alla settima arte**. Che nello stabile - costruito negli anni '40 - si continuasse a proiettare film pare un destino: a pochi metri di qui Roberto Rossellini diresse *Roma città aperta*.

Una vittoria per il Gruppo di Giovani del Pigneto (G. g. P.), che da anni chiedeva che quella sala venisse destinata al quartiere. Loro un cinema vicino casa non ce l'hanno mai avuto, soprattutto dopo che la crisi degli anni '80 ha ridotto vistosamente il numero delle sale di periferia. Così questo gruppo di ragazzi, che a guardarli sembrano usciti da un film di Pasolini, avevano sfilato per le strade del quartiere, avevano parlato col sindaco Veltroni e gli avevano strappato la promessa per quel cinema.

«Questa città sta dando una sberla ai mafiosi», dice Don Luigi Ciotti, fondatore dell'associazione Libera, che dal 1995 lotta contro tutte le mafie e che non a caso ha scelto per sede romana un altro edificio confiscato ai boss. In effetti il Nuovo Cinema Aquila non è il primo stabile della capitale a godere della legge 109: un altro complesso immobiliare di proprietà della banda della Magliana è diventato la Casa del Jazz. Ma gli esempi non si limitano a Roma: al Sud i beni sequestrati sono spesso terreni che vengono dati in gestione a comunità per il recupero dei tossicodipendenti oppure diventano fiorenti aziende agricole. A Rimini, ricorda Don Ciotti, c'è un altro edificio tolto alla banda della Magliana che ora ospita un centro per portatori di handicap. «La mafia è una guerra che in dieci anni ha fatto 2270 vittime, 154 delle quali innocenti. Sono cifre mostruose. Bisogna far sapere ai mafiosi che i loro beni saranno restituiti alla gente».

Gli abitanti del Pigneto osservano incuriositi questo primo battesimo del loro nuovo cinema sotto un sole cocente. Molti di loro sono migranti. Davanti al Nuovo Cinema Aquila c'è un negozio pachistano che vende cereali, verdura e utensili da cucina. Un uomo del Bangladesh, con barba e turbante, si mantiene a distanza. «Io non vado al cinema», mi confida. Pochi metri più in là un phone center gestito da una donna probabilmente indiana: «Cinema? Sì, ci vado spesso!» sorride. Sullo schermo della tv che sta guardando d'altronde c'è un film indiano in stile Bollywood.

addattato da: *Liberazione*, luglio 2005

* grandi vie di Roma, ** la settima arte ➜ l'arte del cinema

➜ Cerca degli argomenti in favore a questo centro culturale.

➜ Ci sono anche degli argomenti contro?

➜ Cos'altro si sarebbe potuto fare di questo edificio?

➜ Scegli una delle persone di cui si parla nell'articolo e immagina di farle un'intervista.

➜ E per te, cosa dovrebbe offrire un centro culturale? Per chi lo faresti?

Passo per passo	Klar!	Noch unsicher
Ich kann über meinen Filmgeschmack Auskunft geben.		
Ich kann einen Film, den ich gesehen habe, zusammenfassen und kommentieren.		
Ich kenne die wesentlichen italienischen Filmgenres und kann mir zusätzliche Informationen dazu beschaffen und für meine Zwecke auswerten.		
Ich kann über einige italienische Schauspieler und Regisseure Auskunft geben.		
Ich kann ein Interview mit einer berühmten Person vorbereiten, durchführen und wiedergeben.		
Ich kenne einige Highlights des italienischen Filmgeschehens.		
Ich verstehe das einschlägige Filmvokabular und kann es zB verwenden, um einen Vorspann für einen Film zu gestalten.		

Parole

il documentario
la commedia
il dramma
il poliziesco
il film d'azione
il film sentimentale
il film di fantascienza
i cartoni animati
il film muto

un film in versione originale
in bianco e nero
con i sottotitoli
un film commerciale
un film d'autore
un lungometraggio
un cortometraggio

il cinema sperimentale
il cinema degli anni 50

un film avvincente
divertente
noioso

il film parla di / racconta la storia di
il soggetto
la trama
ambientato a / in
il linguaggio cinematografico
un film diretto da …

il/la regista
la sceneggiatura
la regia / la messa in scena
la scena
la sequenza
l'attore/l'attrice
il/la protagonista
girare un film
il film è stato girato

il produttore
la produttrice
avere successo
recitare in un film
recitare la parte di Romeo
il ruolo
l'interpretazione
un attore famoso
celebre
conosciuto
sconosciuto
in gamba

un cinema d'essai
la sala
il biglietto d'ingresso
lo schermo
la visione
il videoproiettore
gli spettatori
appassionato di cinema

vocabolario per gli esperti

la macchina da presa
una ripresa al rallentatore
una scena all'acceleratore
la colonna sonora
il cast
la filmografia
la produzione
il doppiaggio
la moviola
la sincronizzazione

la presa diretta
il montaggio
la pellicola
l'operatore / il cameraman
l'inquadratura
la proiezione
la presa totale
la prospettiva
la macchina da presa / la cinepresa
il taglio
la ripresa all'acceleratore / al rallentatore
la colonna sonora

capire la mafia

1

Mi è già successo di ...	sì	no
1. sentirmi minacciato/a da qualcuno		
2. avere l'impressione di non dover parlare		
3. non osare difendere qualcuno accusato ingiustamente		
4. assistere a scene in cui una donna si sottometteva al potere di un uomo		
5. assistere a una scena di violenza fisica		
6. parlare con una vittima di attività mafiose		
7. riflettere sul problema del potere		
8. volermi ribellare		
9. sentire soddisfazione per la punizione di un'altra persona		
10. rivolgermi a una persona più potente di me in cerca d'aiuto		

➜ Completate il questionario, poi discutete in classe.

2

Guardate, chiedete, commentate…
Quali di queste foto si riferiscono alla mafia? Perché?

glossario MAFIA

Borsellino Paolo: magistrato, membro del pool antimafia, assassinato dalla mafia nella strage di via d'Amelio il 19 luglio 1992
Buscetta Tommaso: ex capo mafioso, il primo importante pentito della mafia siciliana; ha collaborato con Giovanni Falcone alla ricostruzione giudiziaria dell'organizzazione e della struttura di Cosa Nostra (Agrigento, 13 luglio 1928 - New York, 4 aprile 2000)
camorra: mafia napoletana
camorrista: membro della camorra
cosa nostra: mafia siciliana
cosca: gruppo organizzato di mafiosi (associazione di eletti, o di iniziati, in cui si entra e a cui si deve giurare fedeltà)
ergastolo: condanna al carcere a durata di vita
Falcone Giovanni: magistrato attivo nella lotta contro la mafia, creatore del pool antimafia, il primo a mettere alla luce la struttura dell'organizzazione Cosa Nostra; morto nella strage di Capaci, il 23 maggio 1992
famiglia: sinonimo di cosca
magistrato: giudice
malavita: ambito sociale formato da persone che svolgono attività contrarie alla legge
(maxi)processo: grande processo contro Cosa Nostra, iniziato dal pool antimafia (➜ Giovanni Falcone, Paolo Borsellino), in cui per la prima volta intervenirono i pentiti (Tommaso Buscetta); 1986 – 1987; più di 1 400 imputati, più di 300 condanne
n'drangheta: mafia calabrese
omertà: codice di comportamento per un membro della mafia ➜ ubbidire (fare quello che viene ordinato), non fare domande, non parlare
onorata società: società dei mafiosi (all'origine denominazione data alla camorra dai suoi stessi membri)
padrino: capo di una cosca
pentito: ex mafioso che collabora con la giustizia
pizzo: richiesta di denaro in cambio di favori (=tangenti), per la protezione di attività economiche di vario tipo, o per essere privilegiati nell'assegnazione di appalti pubblici come nel caso del mondo politico
pizzino: messaggio scritto da un capo mafioso e che viene passato ai suoi fedeli, spesso tramite varie altre persone, per evitare telefonate; usato specialmente dai capi mafiosi latitanti finché non possano essere ritrovati dalle forze dell'ordine
Riina Totò: capo mafioso (prima dei Corleonesi, poi di Cosa Nostra), ricercato dalla polizia sin dagli anni '70, arrestato nel '93 e condannato all'ergastolo. Responsabile per gli omicidi di Falcone e Borsellino (* 16.11.1930 a Corleone, Palermo)
strage: attentato violento a più persone, massacro

3

Finestre accese

In un paese della Sicilia dominato dalla povertà, in cui il maschio è padrone e la mafia una presenza strisciante oltre vent'anni di vita si snodano nei diari paralleli di due ragazze.
Maria e Rosanna vivono l'una di fronte all'altra e si spiano dalle rispettive finestre: dapprima i momenti di una vita normale, poi un omicidio di mafia e infine un matrimonio che nasconde un proposito inconfessabile...

➜ Leggi i brani seguenti di *Finestre accese* di Lara Cardella e segnati alcune parole chiave.

7.11.83, ore 23.50
E ventidue! Anche questi sono stati compiuti, di anni. Non so festeggiarli i compleanni, io, mai riuscita. Aspetto, aspetto, poi arriva il 7 sospirato e non succede niente. Forse è per questo che mi sento sempre un po' triste, il giorno del mio compleanno. Da egocentrica quale sono, penso che il mondo debba regalarmi chissà che cosa.
...
La macchina era nuova e va bene, papà ci teneva perché aveva impiegato tanto a comprarla, ma sono cose che possono succedere.
Se la Cinquecento è saltata in aria, semi-distruggendo anche il garage, possiamo avercela con la sfortuna, ma la colpa era pure un po' sua che non l'aveva più fatta controllare...

Rosanna

...
9.12.84, ore 1.40
Non riesco a dormire. Avevo aggiustato i miei ritmi, ero diventata "normale". A letto alle undici al massimo, perché Chiara già dormiva, sveglia alle otto perché Chiara andava a scuola. Sono bastati pochi giorni, ma forse, è perfino meglio così. Non sarà, però, facile adattarmi quando tutto tornerà come prima, se mai tornerà come prima. No, papà sta meglio, ma è tutto il resto...Non si scherza con un infarto, ma se solo fosse quello... C'è qualcosa e nessuno mi dice niente. Gli zii che vengono a far visita a papà stanno pochi minuti, hanno sempre qualcosa da fare. Mamma è distrutta, ma continua a non parlare. Dice soltanto che dobbiamo stare uniti e che possiamo renderci utili badando a noi stessi...

Rosanna

...
13.5.85
È impossibile e incredibile... Caro Help, ho dovuto aspettare un po' per poterne scrivere. Quando accadono cose come queste, ti rendi conto di cos'è importante nella vita. Ti ricordi la ragazza che sta di fronte a me, quella del palazzo rosa, la giornalista? Qualche volta ti ho parlato di lei, mi era simpatica... Le è successo qualcosa di terribile, a dire poco: suo padre e la sua sorellina hanno avuto un incidente e sono morti. Di vista li conoscevo: il padre era sempre al negozio di sanitari e la bambina era spesso là dentro con la madre. Ultimamente, il negozio era rimasto chiuso perché il padre aveva avuto un infarto, ma era guarito. È questo l'incredibile: uno crede di avercela fatta contro il destino e poi vedi il destino che vendetta dispone! È terribile, anche perché quella bambina era così piccola e bella... Pensare che lui non l'accompagnava mai a scuola, ma, proprio quel giorno, la moglie era stata male e lui l'aveva portata con sé. E poi, morire in quel modo! Tutti continuano a chiedersi perché era uscito fuori dal paese, perché correva così forte ed è andato a schiantarsi contro un albero in una strada del tutto dritta. Forse, era stato preso da un malore, ma, allora, perché non fermarsi? Non ha capito che così facendo sarebbero per forza morti? È brutto dirlo, ma è stata colpa sua se la bambina è morta. Dicono che era irriconoscibile: i capelli biondi tutti sporchi di sangue... Orribile... Come possono accadere certe cose? Come può Dio permettere che una innocente perda la vita? Non si parla

d'altro, in questi giorni. Però, c'è qualcosa di strano. Luigi dice che la colpa è del padre, ma non per quanto riguarda il possibile malore, ripete che lui lo sapeva e doveva preferire chiuderlo il negozio. Mamma parla di questo solo con papà e me, perché quando ci sono Luigi e Lidia sta in silenzio. È forse, per l'atteggiamento inumano che Lidia ha nei confronti di questa tragedia, non si capisce che pensa, se qualcosa c'è da pensare quando succedono episodi così. …

Maria

…

10.1.86

… A quanto pare, è quasi certo che il padre della giornalista (ormai ex, perché non scrive più) è morto per colpa della mafia. Era sotto tiro perché non pagava il pizzo dicendo che non aveva i soldi per farlo, ma il capo della famiglia T. a fatto presto a sapere quanti soldi avesse in banca e non è servito a niente che lui, avendo capito, li avesse ritirati per far credere di non avere più una lira, perché si è saputo subito che aveva acquistato dei terreni in altri paesi. Il giorno in cui è morto sarebbe stato inseguito da due di quella banda ed era scappato proprio per cercare di salvare la figlia, sperando di seminarli. Impossibile naturalmente, ma è normale che ci abbia provato.
Tutte queste belle cose sono venute fuori proprio quando la Polizia che, a quanto pare, si aspettava che dovesse succedere qualcosa del genere e che sa benissimo che il mandante è T, che va in giro tranquillamente come sempre. …

Maria

da: Lara Cardella, *Finestre accese*, Rizzoli 2000

A Abbina ad ogni brano due termini. Riassumi con poche frasi cos'è successo al padre.

incidente *infarto* *omicidio* *esplosione* *minaccia* *morte* *paura* *mafia*

B

Di chi si parla? Indica il brano / la frase a cui si riferisce.	Rosanna	Maria
Dormiva nella stessa camera con sua sorella.		
Ha dato un nome al suo diario.		
Pensa che l'esplosione sia stata un incidente.		
Pensa che la morte del padre sia stato un incidente.		
Si preoccupa per il padre.		
Parla dell'attentato con i genitori.		
Sua madre non le parla.		
Smette di scrivere.		

C **Cosa sappiamo delle due ragazze che scrivono nei loro diari?**
Raccogliete tutte le informazioni.

D **E tu, cosa vedi dalla tua finestra?**
Hai mai osservato la gente che abita di fronte a casa tua? Immagina una finestra, una persona, una storia e scrivila sotto forma di una pagina di diario.

4

Tutto il male e il bene di Scampia
di Fulvio Milone
foto di Francesco Cito

Pa' rrobb/ pa' robb s'arrobb/ pa' robb se fann e scipp/ pa' robb se mettono e mane/ dint'a borsa 'e' na mamma per vere' e apparà 'na cosa e' spicc/ pà robb/ se stà dint' e impicc'...
("Per la roba/ per la roba si ruba/ per la roba si fanno gli scippi/per la roba si infilano le mani nella borsa di una mamma per cercare di mettere insieme qualche spicciolo/ per la roba si finisce nei guai") Rap Napoletano (da: *Repubblica*, novembre 2004)
...

Come squali affamati, **ragazzotti** con i jeans e i giubbotti firmati, con i capelli lunghi e il codino e il cellulare ultimo modello, vanno e vengono sui motorini: sono gli spacciatori e le vedette della camorra, che hanno il compito di tenere l'ordine fra i tossicomani e dare l'allarme nel caso arrivi la polizia. Tutt'intorno, gli altri **palazzi** con i muri scrostati sono coperti da una patina di sporcizia che li rende uguali l'uno all'altro: ripugnanti nel lurido grigiore che li avvolge, terribili nel loro anonimato. Nessuno si affaccia sui balconi da cui non spuntano fiori, ma solo le antenne paraboliche che portano nelle case blindate scampoli di un mondo che sembra distante anni luce da qui.
Scampia è un quartiere di Napoli, Italia, Europa. Eppure i viali che sembrano superstrade e le piazze circondate da alberi asfittici sono come immersi in un'**atmosfera** di sfascio, come in una guerra perenne. L'**ansia** è una sensazione che non ti abbandona mai: cammini per le strade semideserte, dove i negozi e i bar si contano sulle dita di una mano, e ti aspetti sempre che da un momento all'altro debba accadere qualcosa. Attorno a te non c'è nessuno, eppure ti senti decine di occhi incollati addosso. Provi a inoltrarti in una delle piazze del Rione dei Fiori, o delle Case Celesti, e subito ti trovi circondato dai ragazzi in motorino che ti fissano con sguardi torvi mentre ti chiedono una sigaretta con il tono di chi, in realtà, proferisce una minaccia:" Meglio se te ne vai".
Qui, un anno fa, due **cosche**, i Di Lauro e gli Scissionisti, si sono sfidati per il controllo del mercato della droga. Cinquantaquattro morti in neanche tre mesi hanno fatto di Scampia un **caso nazionale**, e sull'onda dell'emergenza lo Stato ha risposto con le maniere forti. Polizia e carabinieri hanno arrestato decine di camorristi. Anche il presidente della repubblica Carlo Azeglio Ciampi è venuto a gennaio fra la gente piegata dalla paura, e ha lanciato un appello ai cittadini onesti:"Non vi arrendete, non ve ne andate. La camorra è un cancro da estirpare". Un anno dopo, però, il **tumore** è ancora lì, e sta uccidendo Scampia. Finita l'emergenza, le piazze, le strade, le case sono tornate nelle mani dei clan. Come se nulla fosse accaduto, la vicenda triste di un intero quartiere ostaggio della malavita sbiadisce nella memoria di una città che tutto metabolizza, anche l'orrore.
...

da: *Specchio*, ottobre 2005

→ Chi sono i ragazzi di cui si parla nel testo? Come sono descritti? Cosa fanno?

→ Come si presenta questo quartiere di Napoli?

→ Cos'è successo? Perché si parla di un tumore?

→ Riassumi l'articolo.

5 Tre voci che parlano di Sicilia, omertà, mafia.

1	2	3
Fate un esperimento. Provate a dire a uno straniero qualunque che siete siciliani. Sparito il sorriso dalle sue labbra, vedrete balenargli il terrore negli occhietti strabuzzati, e un sacro timore pervaderlo tutto. Né più né meno, lo straniero si comporterà come se avesse a che fare con un animale selvatico.	Quel giorno la professoressa di italiano tentava di spiegarci che il destino non è una fatalità, ma che siamo noi a tracciarne il senso. Aveva ragione con quello che diceva, ma io non volevo ascoltarla. Le lanciai una matita, colpendola alle spalle.	Vivi nella stessa strada, prendi il caffè nello stesso bar...Alla fine ti sembrano come te! Salutiamo Zu' Tano! I miei ossequi Peppino! I miei ossequi Giovanni! E invece sono loro i padroni di Cinisi. E mio padre, Luigi Impastato, gli lecca il culo! Come tutti gli altri! Non è antico, è solo un mafioso, uno dei tanti!

Come continuano i testi **1**, **2** e **3**? Abbina i brani seguenti.

"Chi è stato?". Il silenzio fu l'unica risposta. Venne il Preside, minacciò la sospensione per tutti, se non fosse saltato fuori il colpevole, ma il mutismo non consentì alcun dialogo, mentre io mi sentivo fiero della mia bravata, e protetto dal silenzio dei compagni.

Mi ricordo che in Austria, una giapponese, che parlava con un mio amico dentro a un ascensore, prima gli fece le feste ("italiani! italiani!"). Poi, saputa la sicilianità dell'altro, tacque di colpo e si agguantò alla porta, sperando che si aprisse presto. E' così ovunque.

Mio padre! La mia famiglia! Il mio paese! Io voglio fottermene! Io voglio scrivere che la Mafia è una montagna di merda! Io voglio urlare che mio padre è un Leccaculo! Noi ci dobbiamo ribellare, prima che sia troppo tardi...Prima di abituarci alle loro facce! Prima di accorgerci più di niente!

Questo perché la Sicilia è considerata dalla grande maggioranza un cocktail mortifero di mafia, povertà terzomondiale e arretratezza di pensiero.

Ora so che fu un errore, scambiare quel comportamento meschino per una forma di solidarietà. È sottile, quasi invisibile, il confine che separa il sentimento della solidarietà dall'omertà, ma quest'ultima non ha parentela con ciò che nasce spontaneo verso l'altro, perché la solidarietà è un sentimento che nasce con forza, con amore, con verità, per poi ritirarsi senza clamori. Invece l'omertà è un mezzo per rendere sicura la prepotenza, dove i pochi si nascondono dietro i tanti, e soprattutto, a differenza della solidarietà, è una subcultura che consente di far pagare ad altri il prezzo della propria inutilità.

→ Quali sono i sentimenti che descrivono meglio il tono di ogni testo.

rabbia *comprensione* *incomprensione* *dubbio*
terrore *gioia* *sorpresa* *delusione*

→ Quali dei testi si riferiscono esplicitamente al tema della "mafia".

→ Scegli uno dei testi e immagina chi ne potrebbe essere l'autore. Crea il personaggio. Scrivi un testo in cui lo presenti.

6 40 **A** **Ninna nanna malandrineddu**

Ascolta la canzone. Una ninna nanna, che tipo di canzone è?

Vardati stu figghiu meu quant'esti beddu / Comu somigghia a lu so papà
Teni l'occhiuzzi i malandrineddu / Cori i stu cori beddhu da mammà
Stammi a sentiri figghiuzzu caru / Chi orfaneddu nascisti già
U patri toi ti l'ammazaru / Cu tradimentu e 'nfamità
E tu t'ha fari randi, prestu ha crisciri / Sferri e cuteddhi sempri ha maniari
L'onuri da famigghia ha manteniri / Figghiuzzu a to patri l'ha vendicari
Dammi pirdunu isti paroli / Ma no mi pozzu rassegnari
Cacciami st'odiu chi tegnu nt'o cori / Figgiu a t'o patri l'ha vendicari
E fai la ninna e fai la nanna / E fai la ninna e fai la nanna

da: *Omertà, onuri e sangu – la musica della mafia* (pias)

Il testo della canzone è scritto in calabrese.

Cerca delle parole che potrebbero riferirsi a dei membri della famiglia.

Chi canta la canzone e a chi?

Ci sono altre parole di cui si può capire il senso?

Hai notato una particolarità nel dialetto calabrese?

Lavorate insieme e cercate di dare un senso alla canzone.

B

Il **Padrino** aspettava impaziente. Era seduto a capotavola, le mani carnose intrecciate, l'aria un po' affranta, le occhie gonfie. Non aveva alcun foglio con sé: solo l'inseparabile borsello in pelle nera a più scomparti, con il marchio Le Sac Georgette.
Il **Picciotto** arrivò trafelato:"Baciamo le mani a Vossia. Tutto bene?" "Ci difendiamo. Baldo, siediti qua, alla mia sinistra" fece segno con la mano il Padrino, la voce leggermente roca, il sorriso come sempre accattivante. "E tu, Giovanni, siediti accanto a Baldo. Mariuccio, prendi posto di fronte a lui. Possiamo cominciare"
Una giornata indimenticabile quella per il Picciotto. Si chiamava Baldàssare Di Maggio (con l'accento sulla seconda "a" si raccomandava). Per il Padrino, al secolo **Salvatore Riina**, detto **zu' Totò** o più semplicemente **lo Zio**, era sempre e solo Baldo. Per tutti gli altri era più famigliarmente Balduccio. "Già, chissà perché zu' Totò si ostina a chiamarmi Baldo e non Balduccio" si era chiesto più di una volta. Ma, come per tante altre cose ben più importanti, aveva preferito sorvolare....

da: Pino Buongiorno: *Totò Riina – La sua storia*, Rizzoli 1993

➜ Che tipo di testo è?

➜ Qual'è il rapporto fra lo Zio e i ragazzi? Con quali parole viene salutato lo Zio?

➜ Cos'è un padrino? Cos'è un picciotto?

➜ Chi è Totò Riina? Effettua una ricerca su internet.

C

Il metodo migliore resta la "lupara bianca", la scomparsa pura e semplice della vittima designata senza tracce del cadavere e neppure sangue. È una realtà che lascia interdetti tutti coloro che hanno visto i film di mafia in cui i registi non risparmiano fiumi di sangue. Ma, lo ripeto, la mafia, se può, preferisce le operazioni discrete che non attirano l'attenzione. Ecco perché lo strangolamento si è affermato come la principale **tecnica di omicidio** di **Cosa Nostra**. Niente colpi di arma da fuoco, niente rumore. Nessuna ferita e quindi niente sangue. E, una volta strangolata, la vittima viene dissolta in un bidone di acido che si vuota in un pozzo, in un canale di scolo, in un qualsiasi scarico.

...

Il pentito Francesco Marino Mannoia mi ha detto: "Si rende conto della forza necessaria per strangolare un uomo? Si rende conto che ci si può mettere anche dieci minuti e che la vittima si divincola, morde, tira a calci? Alcuni riescono perfino a liberarsi dei lacci. Ma almeno sono **omicidi** da professionisti."

...

Mi chiedono spesso se un uomo d'onore può scegliere di non uccidere. La mia risposta è no.

da: Giovanni Falcone, ***Cose di Cosa Nostra***, Rizzoli 1991

→ Che tipo di testo è?
→ Trova i termini che si riferiscono alla mafia.
→ Secondo te, chi è l'autore del testo? Da dove vengono le sue informazioni?

D

Francesco Marino Mannoia è nato a Palermo nel 1951. Proviene da una famiglia mafiosa di Santa Maria di Gesù. Mannoia era uomo di fiducia del capo mafioso Stefano Bontade, ucciso dal clan di Totò Riina. In seguito a questo omicidio e quello di suo fratello Agostino, Mannoia cercò il giudice Giovanni Falcone e cominciò a raccontare Cosa Nostra. Da pentito iniziò la sua collaborazione con le autorità giudiziarie. La sua testimonianza fu preziosa nel maxi processo. Grazie a Mannoia, alcuni boss vennero condannati all'ergastolo. Attualmente vive con la sua compagna e i figli sotto la **protezione** dell'FBI, in seguito alle deposizioni rese nei tribunali americani. E' tra i principali testi d'accusa contro Giulio Andreotti.

informazioni tratte da wikipedia e antimafiaduemila

→ In riferimento al testo, cosa vuol dire: essere fedele, pentirsi, collaborare, famiglia?

Segna nella tabella se le affermazioni sono corrette e in che testo (B, C, D?) se ne parla.

	sì	no	testo
Esistono delle famiglie mafiose con una successione dal padre al figlio.			
Un picciotto è una persona, spesso giovane, fedele a un capo mafioso.			
Salvatore Riina è in prigione.			
Per un mafioso è quasi impossibile rifiutare un ordine al padrino.			
Il padrino viene rispettato dai suoi fedeli.			
Il padrino viene chiamato zio.			
Il rapporto tra lo "zio" ed i picciotti e come un rapporto tra fratelli.			
La mafia, quando colpisce, "firma" un attentato lasciando tracce di sangue.			
La mafia intimidisce e colpisce anche la famiglia di chi prende di mira.			
Per un mafioso, è facile uccidere un uomo.			
Tra di loro, i mafiosi si chiamano "uomini d'onore".			
Falcone ha fatto delle indagini e ha parlato con molti mafiosi.			

7

la Repubblica.it

Teatri degli agguati, una pizzeria e la casa di una delle vittime

Dal primo di gennaio i morti a Napoli sono stati 130

La camorra torna ad uccidere

I killer colpiscono due volte

Gli agenti davanti alla pizzeria teatro di uno degli agguati

NAPOLI - Sembra non aver fine la faida tra i clan rivali a Napoli che si contendono il controllo del mercato degli stupefacenti: le pistole dei killer hanno ucciso due volte oggi: in una pizzeria, e in un appartamento a Castellammare di Stabia.

Il primo assassinio a Casavatore, nella periferia di Napoli. Vincenzo Iorio, 50 anni di Scampia, è stato ucciso in una pizzeria, 'Il paradiso'. I sicari erano due. Non è chiara la dinamica dell'omicidio. L'uomo è stato colpito in diverse parti del corpo da numerosi colpi di arma da fuoco. Quando sono arrivati sul posto, i carabinieri non hanno trovato nessuno all'interno della pizzeria: anche i dipendenti erano scappati per il timore di dover testimoniare.

La vittima del secondo assassinio è Ciro Fasolino, ucciso pochi minuti prima delle 20 nelle propria abitazione a Castellammare di Stabia, nell'area vesuviana a sud di Napoli. Anche in questo caso, la polizia è convinta che l'omicidio potrebbe rappresentare una nuova puntata della faida tra i clan stabiesi.

E' stata la moglie a trovare la vittima sulla soglia di casa: ha chiesto soccorso ad una ambulanza ma all'arrivo in ospedale, suo marito era già morto. Secondo gli investigatori Fasolino era un ex cutoliano.

Con l'uomo ucciso in pizzeria questa sera a Casavatore nel napoletano e l'omicidio Fasolino il bilancio degli omicidi a Napoli dall'inizio dell'anno è salito a 130 mentre quelli di camorra sono 102.

da: *Repubblica*, dicembre 2004

→ Cos'è successo? Riassumi l'articolo. (dove? cosa? chi? perché?)

→ Quali sono gli aspetti che hanno un rapporto con la mafia?

→ Cerca un articolo su un omicidio di cosa nostra in internet (google.it → "omicidio + cosa nostra + cronaca") e presentalo alla classe.

8

gioco di ruolo

Un crimine, una vittima, un colpevole, dei testimoni... Cosa? chi? dove? Perché? Mettetevi d'accordo. Poi distribuite i ruoli per fare il processo:

giudice avvocati imputati testimoni

alcune parole importanti:

alibi deposizione condannare sentenza pena assoluzione

9 **A**

23 maggio 2002
Sono passati dieci anni da quando l'Autostrada da Punta Raisi a Palermo si sbriciolò, devastata da una bomba al bivio di Capaci e inghiottì il Giudice Giovanni Falcone e gli agenti Antonio Mottinaro, Vito Schifani e Rocco Di Cino. Con loro morì anche la moglie del magistrato, Francesca Morvillo. Dopo qualche mese, il 19 luglio, un'altra bomba della mafia uccise il Giudice Paolo Borsellino e gli uomini della sua scorta.
Sono passati dieci anni da quei mesi colmi di dolore e lutto. La guerra contro la mafia non è finita, ma lo Stato ha inflitto duri colpi a Cosa Nostra, arrestando alcuni tra i capi e facendo breccia nell'organizzazione, attraverso i pentiti.
Ma la mafia ha saputo resistere e si è riorganizzata, in altri modi e sotto altre forme. Una fase si è chiusa e se n'è aperta un'altra. La mafia si è nascosta. Non cerca le prime pagine dei giornali, ma conserva un potere corruttivo e un'altissima pericolosità criminale.

adattato dalla trasmissione il Grillo del 23/05/2003, prodotto da RAI Edicational

➜ Cos'è successo?

➜ Quando?

➜ Dove?

➜ Chi erano le vittime?

➜ Chi era responsabile della strage?

41 **B** **Per saperne di più, ascolta l'intervista con un esperto di mafia.**
➜ Segna per ogni risposta la domanda degli studenti (1-5).

	Chi era Falcone come uomo e come giudice?
	La mafia è un'organizzazione criminale oppure una mentalità diffusa?
	Che novità ha rappresentato la strage di Capaci nella strategia della mafia?
	Qual è stato il motivo dell'uccisione di Giovanni Falcone e, pochi mesi dopo, di Paolo Borsellino?
	Giovanni Falcone fu il primo a realizzare le confessioni dei pentiti. Lei ritiene che quella scelta sia ancora giusta?

Su questo tema vedi anche:
➜ www.centroimpastato.it ➜ www.societàcivile.it ➜ www.antimafiaduemila.com

10

Rappresentanti dello Stato / organi istituzionali

livello nazionale	Cerca su google ➜ governo / parlamento italiano

Organi costituzionali e a rilevanza costituzionale

Presidente della Repubblica
Parlamento italiano

Corte Costituzionale - Consiglio Nazionale dell'Economia e del Lavoro - Consiglio Superiore della Magistratura - Corte Suprema di Cassazione - Consiglio di Stato - Tribunali Amministrativi Regionali - Corte dei Conti

Governo Italiano
Presidenza del Consiglio dei Ministri

Presidente del Consiglio – Governo ➜ Primo Ministro, ministri

livello regionale	Cerca su google ➜ consiglio regionale

Organizzazione Regionale

- Presidente
- Giunta ➜ presidente + assessori
- Consiglio ➜ presidente + consiglieri
- Enti Società ULSS
- Uffici Regionali

Consiglio Regionale del Veneto

Province	Cerca su google ➜ provincia di

Comune	Cerca su google ➜ comune di

sindaco – giunta – consiglio comunale

- Naviga in internet sulle pagine indicate. Scegli una pagina ben fatta e presentala in classe.
- A cosa corrispondono (pressappoco) i termini / le funzioni seguenti in italiano: *Verfassung, Regierung, Bundeskanzler, Nationalrat, Außen/Innenminister, Landesobmann/frau, Landtag, Bürgermeister, Gemeinde*
- Scegli un/a rappresentante politico/a (austriaco/a o italiano/a) e effettua una ricerca sulle funzioni politiche da lui/lei esercitate. (esempio: Giulio Andreotti)

11 Leggi e spiega le espressioni messe in rilievo.

CONSIGLIO D'EUROPA

Da **Al Capone** alle **multinazionali della criminalità**
Fa parte del passato la criminalità organizzata con le sue famiglie ben conosciute che alimentavano le cronache giudiziarie. Ormai, la polizia e **i magistrati** devono affrontare delle potenti organizzazioni criminali transnazionali che operano su **scala mondiale** e si sviluppano con strategie proprie alle multinazionali.
→ Radiografia delle Organizzazioni criminali in Europa

http://www.coe.int/T/I/Com/Dossier/Tematiche/Criminalita-organizzata/overview.asp

Lotta alla criminalità organizzata

Analisi delle organizzazioni criminali in Europa

Secondo i dati raccolti annualmente dagli esperti del Consiglio d'Europa e dall'Ufficio di polizia europea, **Europol**, in materia di crimine organizzato, la maggior parte delle **Organizzazioni Criminali Transnazionali** (**OCT**) sono attive in Europa. http://www.coe.int/T/I/Com/Dossier/Tematiche/Criminalita-organizzata/overview.asp

PARLAMENTO EUROPEO
Lotta europea alla criminalità organizzata

Il fenomeno della criminalità organizzata internazionale preoccupa tutti i cittadini europei. ... Il Parlamento chiede pene più severe per le organizzazioni mafiose e per i **trafficanti di esseri umani**, la possibilità di **colpire finanziariamente** i criminali e misure volte alla **protezione dei testimoni**. I deputati sollecitano anche un rafforzamento del ruolo di Europol che, a loro parere, dovrebbe diventare un organo UE a tutti gli effetti.

http://www.europarl.eu.int/news/expert/infopress_page/019

→ Riassumi le informazioni essenziali contenute nei testi che hai appena letto.
→ Cos'è diverso in Italia se confrontiamo la criminalità organizzata in generale con la mafia italiana?
Informati sugli aspetti seguenti (in quante lingue vuoi).

- storia e tradizioni
- cultura e società
- amministrazione e politica

→ Fa una ricerca.
Trova un documento (articolo di giornale, testimonianza, intervista...) sul tema e presentalo ai tuoi compagni. Attenzione! **TU** lo scegli, quindi **TU** sai perché, lo conosci bene, sai parlarne, quindi **sai presentarlo**!

12

Arrestato il capo della mafia Bernardo Provenzano

PALERMO - Finalmente ha un volto, il boss dei boss. Una faccia che somiglia, ma non troppo, agli identikit che sono stati diffusi negli ultimi tempi. Bernardo Provenzano, il capo di Cosa Nostra arrestato questa mattina, in un casolare a circa due chilometri da Corleone, è un uomo di 73 anni che non dimostra la sua età. E che, dopo un debole tentativo di resistenza, si fa ammanettare dagli agenti con espressione imperturbabile. Termina così una latitanza di 43 anni: a tradirlo, un pacco con la biancheria.

Il boss della mafia Bernardo Provenzano è stato arrestato nella sua città, Corleone, in Sicilia. Era latitante da 43 anni.

"Zu Binnu" scappava da 43 anni Il mandante delle stragi più feroci

Il super boss è ritenuto responsabile di alcuni degli episodi più violenti della catena con cui Cosa Nostra ha insanguinato la storia d'Italia.

E' lui a dare l'ordine degli attentati di Capaci e via d'Amelio, nel 1992, le stragi in cui persero la vita i giudici Giovanni Falcone e Paolo Borsellino. E' lui il mandante degli attentati "politici" del '93, con le delle autobombe di via dei Georgofili, a Firenze, di Roma e Milano. Reati per cui Provenzano è stato ripetutamente condannato all'ergastolo, insieme a Salvatore Riina.

"Provenzano aiutato da politici lo abbiamo preso senza pentiti"

Sono un centinaio i "pizzini" sequestrati. Si va dallo scambio di affettuosità con la famiglia alla rete degli uomini d'onore.

→ Dopo aver letto questi titoli e brani di articoli, cosa sapete di Bernardo Provenzano?
→ Lavorate a coppie e preparate un poster per "far capire la mafia".

Il boss mafioso ha passato 43 anni in nascondiglio. Prima dell'arresto si era nascosto in una piccola casa di campagna vicino a Corleone, la sua città natale.

Avendo la possibilità, quali domande gli faresti?

→ Scrivi un'intervista a Bernardo Provenzano.

13

La mafia nella letteratura e nel cinema

Ecco alcuni esempi di libri e film sulla mafia.
➔ Informati e riassumi di cosa si tratta.

14

gioco
Conoscete il gioco del lupo mannaro (*Werwolf*)?
Troverete le spiegazioni in internet. Una versione del gioco si chiama **MAFIA**.
Mettetevi d'accordo sulle regole, inventate personaggi, preparate delle carte e giocate.

CADE LA NOTTE. CHIUDETE GLI OCCHI E ADDORMENTATEVI...
È LUNA PIENA. APRONO GLI OCCHI: I MAFIOSI!
MAFIOSI! SCEGLIETE UNA VITTIMA.

I mafiosi si mettono d'accordo – in silenzio assoluto – e designano una vittima.

MAFIOSI! CHIUDETE GLI OCCHI ANCHE VOI.
APRE GLI OCCHI: LA VECCHIETTA.

La vecchietta designa un giocatore per sapere se fa parte dei mafiosi.

Ne fa parte sì o no (glielo fa capire il moderatore).

VECCHIETTA, CHIUDI GLI OCCHI.
SORGE IL SOLE – È DI NUOVO GIORNO.
APRITE GLI OCCHI E GUARDATE. QUESTA NOTTE, È SUCCESSO UN CRIMINE.
LA MAFIA HA COLPITO UNA VITTIMA: È ...

I cittadini/paesani discutono. Fanno delle ipotesi su chi potrebbe essere l'assassino ...
E finalmente si mettono d'accordo sull'eliminazione di un sospetto.

Il sospetto gira la sua carta ... e tace per il resto del gioco.

Passo per passo	Klar!	Noch unsicher
Ich kann in zusammenhängender Rede über das Phänomen Mafia sprechen.		
Ich kenne einige Beispiele aus der Geschichte der Mafia in Italien und kann mich darüber unterhalten.		
Ich bin mit einigen literarischen und filmischen Werken zum Thema Mafia vertraut und kann sie kommentieren.		
Ich kann mir Informationen über die aktuelle Situation beschaffen und das Wesentliche herausfiltern.		
Ich kenne einige Begriffe aus dem Staatswesen Italiens.		
Ich kenne einige Merkmale des kalabresischen Dialekts.		

Parole

la malavita
il delitto
il crimine
la criminalità (organizzata)
la droga
le armi
il traffico di droga
l'omicidio
il motivo
la strage
l'incidente
i carabinieri
la lotta (antimafia)
il padrino
la vendetta
l'onore
l'omertà
essere condannato a

giusto
ingiusto
potente
debole
muto
fedele
pericoloso
violento
feroce
per colpa della mafia

saltare in aria
(s)fottersene
senza dubbio

il tribunale
il processo
il pentito
la deposizione
l'accusa
l'avvocato
l'imputato
l'alibi
il colpevole
il mandante di una strage
la vittima
il testimone
la traccia
il giudice
la corte
il giudizio
la sentenza
la pena (di morte)
l'ergastolo

tacere
minacciare
intimidire
colpire
uccidere
difendere
rivolgersi a qu
essere in cerca d'aiuto
nascondere
scappare
rifugiarsi
salvare
collaborare
condannare
somigliare a qu
arrestare
ammanettare

il sindaco
il ministro
il governo
il Primo Ministro
il presidente
i rappresentanti (politici)

il segreto
la paura
il nascondiglio
il volto
la rabbia
la minaccia
la violenza (fisica)
l'aiuto
la povertà
la solidarietà
il dubbio
la comprensione
l'incomprensione
la gioia
la delusione

riflettere su (un problema)

il diario
il quartiere
il casolare
il lupo mannaro

vivere d'arte

mostra pittrice Uffizi opera d'arte
Barocco quattrocento museo delle belle arti
patrimonio artistico arte applicata architettura
scultura Michelangelo artista
Caravaggio storia dell'arte artigianato artistico
Biennale di Venezia pittore Renzo Piano
Rinascimento quadro degradazione opera lirica
L'arte è ... una parola con „A". libertà seicento

1 42 **A** Ascolta e completa.

Oltre il .... del patrimonio artistico mondiale si trova in Italia. Più del .... dei tesori italiani si trovano in Toscana.
Oltre a .... luoghi d'interesse artistico ci sono .... musei, ... dei quali sono dedicati all'arte, ... all'archeologia, ... a scienza e tecnica, ... alla storia. I più famosi sono gli Uffizi e l'Accademia delle Belle arti di Firenze.
Il prezzo medio di un biglietto d'ingresso è di .... euro.
I teatri della Toscana sono ....; .... le chiese, i conventi, i monasteri, le badie; .... le dimore storiche; più di .... le aree archeologiche; ...., di cui .... gestite da enti locali, le biblioteche; gli archivi storici comunali sono ...., di cui .... inventariati; .... i castelli e le fortificazioni; .... i giardini storici.
I tesori dell'arte non sono conservati solo nei musei. Le città, i paesaggi, i borghi mescolano natura, arte, storia, cultura. Tutti conoscono Piazza dei Miracoli con la Torre di Pisa, Piazza del Campo a Siena, San Gimignano con le sue torri medievali, il Duomo, Ponte Vecchio e gli Uffizi a Firenze, ma anche località più piccole riservano sorprese: per esempio i ruderi archeologici di Roselle vicino a Grosseto, le Mura di Lucca o le cattedrali di marmo delle Alpi Apuane che dominano Massa e Carrara.

da:www.regione.toscana.it

Quali tipi di edifici conosci? Fa' una lista.

B

I siti italiani nella Lista del Patrimonio dell'umanità dell'UNESCO

Fondato nel 1972, il programma del Patrimonio dell'umanità (World Heritage Fund) ha come scopo di catalogare e preservare siti di eccezionale importanza, sia a livello culturale che naturale. La lista comprende più di 800 siti ripartiti su più di 100 Stati in tutto il mondo.

Italia numero 1 → Tra questi Stati, l'Italia detiene il maggior numero di siti (40 nel 2006) tra cui figurano monumenti, edifici o centri storici, ma anche paesaggi eccezionali come la costiera Amalfitana o le isole Eolie.

Problema numero 1 → La degradazione. Purtroppo, il tempo e le calamità naturali, insieme all'indifferenza, agli atti di vandalismo, ai furti e alla speculazione, hanno a volte gravemente danneggiato monumenti artistici e opere d'arte.

Guarda a pagina 153 quali sono questi 40 siti, poi guardali su delle foto in Internet. Cosa ti piacerebbe vedere?

→ Segna i luoghi su una cartina geografica e prepara l'itinerario ideale per un viaggio che permetta di visitare i siti che t'interessano.

Anche in Austria si trovano otto siti che figurano nella lista del Patrimonio dell'umanità:

- **tre centri storici** → Di quali città? Fate delle proposte.
- **un famoso Palazzo con i suoi giardini** → Si trova nella capitale. Sapete qual è?
- **una costruzione tecnica eccezionale** → Inaugurata nel 1854, la ferrovia ha una lunghezza di 41 chilometri. Il suo nome deriva da una montagna al Sud di Vienna. Come si chiama?

- **tre cosiddetti Panorami culturali**

→ una regione montagnosa in cui si trovano tracce di una cultura preistorica
→ un paesaggio romantico lungo la valle del Danubio
→ il paesaggio unico attorno al più grande lago austriaco

Di quali panorami culturali si tratta?

Secondo voi, perché questi siti sono così apprezzati?

2

Gianfranco Balducci
Sono italiano, residente in Austria da lungo tempo (Salisburgo), parlo l'italiano, l'inglese ed il tedesco ed ho anche una buona conoscenza della lingua spagnola.
Sono guida autorizzata per tutta l'Austria ed esercito impegni come accompagnatore turistico con un'ottima conoscenza dei seguenti paesi: Austria, Italia, Svizzera, Croazia ed Ungheria.
tel. +43 (0) 664 90 126 33 - cell. +43 (0) 699 - 108 52 831 e-mail: giba@libero.it

---

ART and the CITY

Buongiorno Vienna!

Italienisches Wien
Auf einer italienischen Reise durch Wien entdecken wir Bildhauer, Librettisten, Architekten, Liebhaber, Schuhverkäufer und Ristoranti aus Italien. Mailand, Mantua, die Toskana, Venedig und Neapel in Wien erleben!

Melanie Thiemer

Dauer: ca. 2 Stunden
Einzelpreis: 10 € (exklusive Eintritt, ab einer Gruppengröße von 13 Personen)

http://www.art-city.at/

Dott. Lacchin Caterina
Guida turistica autorizzata
dalla regione Veneto per la città di Venezia
abilitata nella lingua greca, francese e italiana

Visite guidate a Mostre, Musei, Monumenti.
Itinerari tematici storici, artistici e ambientali concordati in base alle vostre esigenze.

Per un approccio approfondito alla realtà complessa e sorprendente di Venezia, perncapirne il passato, ma anche il presente, perché il turismo non sia solo turismo di massa, rivolgetevi a una guida competente, professionale e aggiornata.
Per le scuole visite e itinerari didattici studiati per ogni età e preparazione.

contattatemi via e-mail: lacchincat@tiscali.it

Cosa hanno in comune queste persone? In che misura si differenziano?
Quali sono le loro proposte? Su cosa sono specializzate?
➜ Discutete.

SALZBURG Austria Guide Staatlich geprüft

Secondo voi, cosa deve sapere una guida?
Dove si ottiene la formazione necessaria?
Si devono fare degli esami?
Sono difficili?
Quanto si guadagna?
➜ Informatevi su internet (http://www.guides-in-wien.at/)
➜ Scrivete un'intervista con una delle guide.

3

A Cosa vedi? Scopri le "definizioni" e abbinale alle immagini.

in mezzo agli alberi   specie di navetta spaziale trasparente
e vista sui giardini   ufficio con schermo video   enorme lampadario
enorme fiore bianco gonfiabile   (intitolati *Gingko pictures*)
che trapassano il soffitto   decorata da vari tipi di foglie
quadri a dimensioni gigantesche   con testa di gorilla su divano
manifesto con donna nuda   fatto di assorbenti (*Tampax*)
che sta conversando con il sole   tre tronchi d'alberi
che rappresentano gli artisti Gilbert&Gorge su colori smaltati

B

> Quello che mi ha veramente emozionato, è stato il padiglione della Gran Bretagna con le opere dei famosi Gilbert & George.

Fa' una ricerca sulla Biennale di Venezia, scegli un'opera d'arte e presentala alla classe.

4

questionario

Rispondi alle seguenti domande con degli appunti.

Ti consideri un amante dell'arte?

Cosa preferisci: pittura? fotografia? scultura? altro?

Hai qualche oggetto d'arte in camera tua?

A casa tua?

Per te il design è arte?

Conosci degli artisti italiani?

E degli artisti austriaci?

Hai un artista preferito?

Ti capita di andare in un museo o in una mostra?

Anche senza i tuoi genitori o professori?

Cosa faresti vedere a qualcuno che s'interessa all'arte nella tua città?

Per te, è importante l'arte?

Perché sì/no?

Secondo te, perché l'insegnamento dell'arte fa parte dei programmi scolastici?

Hai scelto musica o *BE*?

Ti piacerebbe diventare artista?

Sei bravo/a a disegnare?

Fa' un piccolo disegno di qualcosa che vedi nella classe o fuori, guardando dalla finestra:

Adesso cerca qualcuno in classe per parlare delle tue idee sull'arte.

5 **A**

ciao a tutti – siete sul blog di Alessia!
Ahoooooooooooo' 😎 oggi non sono andata a scuola . ya . semplicemente perché non volevo sentire quella di ginnastica. sicuramente mi fa ancora *'oh ma questo esercizio lo devi far, ma sei scema, datti una mossa'* . AHO' - MACCHE!! ???? **MACCHÉ ME NE FREGA!!!**
E nzomma son rimasta a casa 😎 un motivo in più perché non ce son andata è perché ce stava matematica 😎
io ODIO il lunedììì !! è_é io ci andrei solo per le due ore di storia dell'arte. Se fa: RRinascemento!.

Alessia scrive in questo blog come se parlasse. Quali "errori" ti saltano all'occhio?
➜ Prova a riscrivere il testo in italiano "standard".

B **Cosa ne pensi?**
➜ Secondo te, perché l'insegnamento dell'arte fa parte dei programmi scolastici?
➜ Cosa può significare "insegnare l'arte"?
➜ Cosa fate voi nella lezione di BE?
➜ In Italia la materia si chiama "storia dell'arte". Secondo te, fanno altre cose?
➜ Se tu dovessi preparare un'ora di BE, cosa faresti con la classe?

C **Leggi questa lettera e inserisci le parole mancanti.**

Gentili................................,

ho avuto il Vostro .... da una mia professoressa d'italiano che ha frequentato uno dei Vostri corsi .... due anni fa ed è stata molto soddisfatta. Vorrei fare un corso d'arte ...., di preferenza nel mese di luglio. Mi interessa soprattutto la .... e la fotografia, ma vorrei anche acquistare delle conoscenze sulla .... dell'arte in generale. Perciò Vi prego spedirmi il Vostro .... per quest'estate con una .... dei prezzi. Avrei anche bisogno di una .... Preferirei una stanza in un .... con altri ...., altrimenti una sistemazione nella ....

Vi prego di farmi sapere quali .... ci sono e a che prezzo.

In attesa della Vostra ...., Vi mando i miei migliori ....

Andrea Sellner

indirizzo sistemazione estivi programma storia Signori studenti lista estivo possibilità risposta saluti pittura appartamento casa dello studente

6

Nome: Michelangelo Merisi
Data di nascita: 29 settembre 1571
Luogo di nascita: Milano (famiglia proviene da Caravaggio)
Occupazione: pittore

Delitti imputati:
Diffamazione del pittore Giovanni Baglione
Ingiurie e porto d'armi abusivo Omicidio di Ranuccio Tomassoni da Terni

Data di morte: 18 luglio 1610
Luogo di morte: Porto Ercole

- Riconosci il soggetto di questo quadro? → Cosa sa fare bene il pittore? Con quali aggettivi descriveresti il dipinto? Cosa non ti piace?
- Cerca su internet la lista delle opere del Caravaggio. Sono pochi o tanti? Riconosci alcuni titoli? Prevalgono i temi profani o i temi religiosi?
- Guarda altri quadri del pittore. Quale preferisci?

un pittore rivoluzionario   cercava i suoi modelli per la strada
gente del popolo   a ventun anni si trasferisce a Roma   scene sacre
ambienti poveri   i suoi quadri provocavano scandalo   Roma
madonne popolane   il cardinale Francesco Maria Del Monte   mecenate
forti contrasti luministici   intensa tensione drammatica   Genova
una vita violenta   sfuggire alla giustizia   uccide   condannato a morte
Napoli   Malta   scoperto   la fuga   Messina, Palermo, Napoli
la grazia papale   tornare a Roma   muore di febbre

→ Cerca di mettere in ordine gli appunti sul pittore. Distingui fra luoghi, informazioni biografiche, giudizi riguardo l'opera, giudizi riguardo la sua vita. Fa' delle ipotesi sull'artista basate su questi appunti.

→ Vorreste saperne di più? Dividete i compiti e cercate delle informazioni per preparare insieme un dossier intitolato: ***Caravaggio, vita e opere.***

7

Brunelleschi	Michelangelo	Leonardo Da Vinci	Bramante
Rafaello	Veronese	Tiziano	Martino Altomonte
Antonio Canova	Nikolaus Pacassi	Max Fabiani	Caravaggio

Ecco alcuni nomi di pittori, architetti e scultori.
Di chi conosci il nome?
Chi di loro non è italiano?
Quali dei nomi sono nomi d'arte, pseudonimi?

➜ Trova per ogni artista le informazioni seguenti:
(vero) nome, data/anno di nascita, di morte, professione, vissuto a/in, opere maggiori.

esempio: **Max Fabiani**, 1865 – 1962, architetto.

Ha vissuto in Slovenia, che allora faceva parte dell'Impero Austro-Ungarico, e in Austria. Ha realizzato tantissimi progetti sia per incarico di privati, sia per incarico di istituzioni pubbliche. Collaboratore e collega dell'architetto Otto Wagner, Fabiani è uno dei protagonisti del rinnovamento delle arti a Vienna fra la fine dell'800 e l'inizio del '900 che si manifesta in un esempio architettonico molto interessante: l'Urania di Vienna.

➜ Metti ognuno degli artisti nel secolo giusto.

trecento	
quattrocento	
cinquecento	
seicento	
settecento	
ottocento	
novecento	
duemila	

8

Crea delle frasi.

spesso · per · conoscere · vado · imparare cose nuove · l'arte contemporanea · l'arte rinascimentale · imparare a vedere · perché · vedere · un museo · il silenzio · qualche volta · vado a vedere · capire · la pittura · un artista · in · voglio · una mostra · mi piace · una mostra · è la mia passione · l'arte barocca · mi interessa · l'atmosfera · raramente

9 A

Ascolta, segna le espressioni che senti con una crocetta e cancella il resto.

Piero della Francesca · palazzi · genio · Urbino · colonne
Palazzo ducale · quattrocento · città eterna · città ideale
prospettiva · proporzioni equilibrate · seicento · Rinascimento
dettagli architettonici · armonia perfetta · Firenze
tempietto rotondo · opera lirica · capolavoro · edifici · opera unica

→ Adesso parla tu del quadro utilizzando le parole evidenziate.

B Lavoro in gruppi (formati secondo gli interessi).
Della vostra città, cosa fareste vedere a un/a turista italiano/a che viene

1. da Roma, **2.** da un piccolo paese del Piemonte, o **3.** dalla Sardegna?
Sceglietene uno/a e preparate una piccola presentazione in cui
→ spiegate la vostra scelta, → descrivete, → parlate delle vostre sensazioni.

---

10 A Ascolta e riempi i buchi.

pianto rinascimentale, olio su tela, 2m per 2.5m

.... di colori! Impressionante.
Magico... mitico ...
Mi dà una sensazione ....
.... una sensazione di gioia!
A me .... fa impressione...
Ha qualcosa di violento, di ....
Mi fa venire l'angoscia.
Mi fa venire il ....!
Mi ...., ha qualcosa di forte...
È semplicemente ....
Mi viene .... di piangere.

→ Tu cosa provi davanti a questo quadro?
Scegli tra le reazioni elencate (non ti contraddire!).

B Guarda la foto.

A cosa pensa il pittore? Cosa farà del suo quadro?
→ Discutete.

Immagina la storia del quadro
dipinto, venduto, appeso, rubato, ritrovato...
→ Scrivi la sua storia in un monologo interiore.

Vorresti un bel quadro per la tua casa.
Thu Nguyen Tran è un bravissimo pittore vietnamita che ha vissuto per molti anni a Bologna. Ora però sta di nuovo in Vietnam e fa dipinti su commissione a prezzi favolosi.
→ Scrivigli una lettera un cui gli dai l'ordine per il tuo quadro e gli chiedi di realizzarlo secondo le tue idee. Spiegagli bene quali sono le tue aspettative.

11

Grande mostra-vendita sui principali artisti viennesi di inizio '900

Quanto possono valere le loro opere? Secondo le previsioni degli esperti, i disegni e gli acquarelli di **Klimt** ad esempio, possono oggi arrivare a **30.000 dollari.** Il prezzo record di questo artista si deve a un paesaggio su tela, Schloss Kammer am Attersee II (1909), aggiudicato da Sotheby's nel 1997 per **13,2 milioni di sterline.**
Anche **Schiele** è decisamente caro. I suoi dipinti, rarissimi, costano intorno a **11,3 milioni di sterline,** mentre i disegni superano i **400.000 dollari.**
Kokoschka invece ha prodotto molto e i suoi prezzi sono un po' più abbordabili. Ma non le opere realizzate tra il 1907 e il 1925, che sono molto richieste e possono superare il **milione di Euro.**
Tra tutti, il meno caro resta sicuramente **Moser**, che è anche il meno conosciuto. Ma questa mostra potrebbe contribuire alla sua scoperta e far lievitare i prezzi.

Dorotheum apre una sede di rappresentanza a Milano

Il 16 marzo 2005 aprirà a Milano la prima sede italiana della casa d'aste austriaca Dorotheum, una delle più apprezzate in Europa e nel mondo. Fondata nel 1707, è leader nel mercato dei dipinti antichi dell'Europa continentale, ma agisce anche in altri settori. Il suo campo di intervento si estende, infatti, dai dipinti antichi all'arte moderna e contemporanea, dal design agli oggetti d'arte del XIX e del XX secolo, dalla porcellana alle maioliche, dai gioielli all'argenteria antica, dagli orologi agli strumenti scientifici. Dorotheum possiede importanti filiali a Vienna, Salisburgo, Graz, Klagenfurt, Wiener Neustadt e Praga. Ha inoltre sedi di rappresentanza in Belgio (Bruxelles), Germania (Monaco di Baviera, Düsseldorf) e Giappone (Tokyo). La sede milanese, in cui si terranno per ora solo previsioni e consulenze, è ospitata in un antico palazzo di Via Boito, a pochi passi da Piazza Duomo e vicino a Piazza della Scala. A dirigerla è stata chiamata Angelica Cicogna Mozzoni.

da: www.artdreamguide.com

→ Spiega cos'è una casa d'asta.
→ Secondo te, quali possono essere i criteri di valutazione per un'opera d'arte?
→ Immagina il discorso d'inaugurazione della nuova direttrice Angelica Cocogna Mozzoni.

12 **A**

Furto nella chiesa di Cellina, "sparisce" un dipinto di Procaccini

Un altro furto su commissione, un'altra chiesa presa di mira da appassionati di arte sacra. Nella notte tra sabato 17 e domenica 18 agosto sconosciuti sono entrati nella chiesa Santa Maria Stella Maris della frazione Cellina a Leggiuno e hanno portato via un quadro del 1600 del pittore Camillo Procaccini.
Dopo aver infranto il vetro sopra la porta principale i ladri sono riusciti, forse aiutandosi con un lungo arnese, ad aprire il portone. A quel punto non è stato difficile raggiungere il dipinto che era appeso ad una catena. I ladri hanno agito indisturbati nella notte, probabilmente alla luce delle candele. Nessuno, infatti ha sentito né visto nulla.
Del furto si è accorto il mattino dopo il parroco Don Luigi Milani che ha presentato denuncia ai carabinieri di Laveno Mombello.
Il quadro, 200 x 265 centimetri, rappresenta "San Rocco nella gloria celeste"; non è dato sapere quanto valga ma era comunque assicurato.
«Si trovava nella chiesa vecchia - spiega il parroco Don Luigi - ed era stato trasferito nella chiesa nuova e restaurato nel 1981. La gente era molto affezionata al dipinto. Non importa che fosse di valore: San Rocco accompagnava tutti i momenti più importanti della vita dei fedeli».
I carabinieri sono praticamente certi che si tratti di un furto su commissione, non il primo nella nostra provincia. Obiettivo preferito dei mandanti: le chiese sparse sul territorio che spesso hanno piccoli gioielli che gli appassionati d'arte sanno riconoscere ed apprezzare.

da: *VareseNews*, agosto 2002

Annota le informazioni essenziali nella griglia, poi riassumile.

oggetto	
metodo	
motivo	
reazioni	

B **Hai mai sentito parlare di un furto d'arte?**

Riscrivi un testo simile cambiando luoghi, persone, oggetti d'arte.

Queste opere di grandi maestri italiani dovrebbero trovarsi nel Museo delle Belle arti di Vienna. (*Laura* del Giorgione, *San Sebastiano* del Mantenga, *Autoritratto* del Parmigianino, *Madonna* di Raffaello, *Morte di Lucio Giunio Bruto* del Tiepolo, *Giove ed Io* del Correggio)

C

L' 11 maggio 2003 il museo .... subì un **furto clamoroso:** durante la notte i ladri riuscirono a raggiungere dal tetto, attraverso un'impalcatura, il primo piano dell'edificio, a entrare nelle sale eludendo il sistema di allarme e a rubare indisturbati una fra le opere più importanti lì custodite:
....
Il prezioso oggetto, progettato nel 1540 per il cardinale Ippolito d' Este ma realizzato solo tre anni dopo alla corte del re Francesco I di Francia, è considerato uno dei capolavori della **scultura rinascimentale** e l'unica oreficeria del maestro italiano giunta fino ai nostri giorni.
A causa della notorietà della scultura e del fatto che altre importanti opere d'arte collocate nella stessa sala erano state ignorate dagli intrusi si pensò immediatamente a un furto su commissione, ideato da un collezionista senza scrupoli, oppure organizzato da una banda di malviventi per estorcere denaro; in effetti qualche mese dopo i mezzi d'informazione diffusero la notizia dell'arrivo di una lettera contenente una **richiesta di riscatto** unita a polvere d'oro grattata dal capolavoro.

→ Sai di quale furto clamoroso si è trattato? Completa:

nome dell'oggetto d'arte rubato:

nome del museo:

nome dell'artista:

45 **D** **Ascolta e completa.**

.... di opere d'arte ogni giorno vengono sottratte da chiese, musei e collezioni private in tutto il mondo. Le statistiche parlano chiaro: la maggior parte dei furti d'arte viene risolta solo dopo anni o addirittura .... di indagini.
E non è tutto: nonostante gli sforzi, solo il ....dell'arte rubata viene recuperata.
In Italia c'è un istituzione creata apposto per combattere questo tipo di .... Sono i "Carabinieri Tutela Patrimonio Culturale" che si occupano del patrimonio archeologico, artistico e storico nazionale. Operano anche in campo internazionale tramite Interpol.
Quale .... svolge il Comando Carabinieri Tutela Patrimonio Culturale?
Svolge indagini su tutte le violazioni di legge in materia di patrimonio culturale come ...., danneggiamenti, esportazione e commercio illegale, falsificazioni e contraffazioni di opere d'arte e oggetti antichi. Questo nucleo dei Carabinieri esercita poi una costante attività di controllo in occasioni di .... d'antiquariato e aste sia in Italia che all'estero e sul commercio degli antiquari e dei mercanti d'arte. I Carabinieri Tutela Patrimonio Culturale operano anche in stretto contatto con le autorità ecclesiastiche per la tutela del patrimonio religioso.

da: sezione del Comando Carabinieri Tutela Patrimonio Culturale

Lista dei patrimoni dell'umanità in Italia

- Arte rupestre in Valcamonica, 1979
- Chiesa e convento domenicano di Santa Maria delle Grazie con L'ultima cena di Leonardo da Vinci, Milano, 1980
- Centro storico di Firenze, 1982
- Venezia e la sua Laguna, 1987
- Piazza del Duomo, Pisa, 1987
- Centro storico di San Gimignano, 1990
- Sassi di Matera, 1993
- Città di Vicenza e le Ville palladiane del Veneto, 1994
- Centro storico di Siena, 1995
- Centro storico di Napoli, 1995
- Crespi d'Adda, 1995
- Ferrara città del Rinascimento e delta del Po, 1995
- Castel del Monte, 1996
- Trulli di Alberobello, 1996
- Monumenti paleocristiani di Ravenna, 1996
- Centro storico della città di Pienza, 1996
- Palazzo Reale del XVIII secolo di Caserta, con il Parco, l'acquedotto di Vanvitelli e il complesso di San Leucio, 1997
- Residenze sabaude di Torino e dintorni, 1997
- Orto botanico di Padova, 1997
- Duomo, Torre Civica e Piazza Grande di Modena, 1997
- Aree archeologiche di Pompei, Ercolano e Torre Annunziata, 1997
- Villa romana del Casale, presso Piazza Armerina, 1997
- Su Nuraxi di Barumini, 1997
- Portovenere, le Cinque Terre e le isole di Palmaria, Tino e Tinetto, 1997
- Costiera amalfitana, 1997
- Parco Archeologico e Paesaggistico della Valle dei Templi di Agrigento, 1997
- Area archeologica e Basilica patriarcale di Aquileia, 1997
- Centro storico di Urbino, 1998
- Parco Nazionale del Cilento e Vallo di Diano con il sito archeologico di Paestum e Velia, e la Certosa di Padula, 1998
- Villa Adriana a Tivoli, 1998
- Città di Verona, 2000
- Isole Eolie, 2000
- Assisi, la Basilica di San Francesco e altri siti francescani, 2000
- Villa d'Este a Tivoli, 2001
- Città tardo barocche della Val di Noto (Sicilia sud-orientale), 2002
- Valle del Ticino Riserva della Biosfera, 2002
- Sacri Monti del Piemonte e della Lombardia, 2003
- Necropoli etrusche di Cerveteri e Tarquinia, 2004
- Val d'Orcia (Siena), 2004
- Il centro storico di Siracusa e la necropoli di Pantalica, 2005

in Austria

- Centro storico della città di Salisburgo, 1996
- Palazzo e giardini di Schönbrunn, 1996
- Panorama culturale di Hallstatt-Dachstein Salzkammergut, 1997
- Ferrovia Semmering, 1998
- Centro storico della città di Graz, 1999
- Panorama culturale di Wachau, 2000
- Centro storico di Vienna, 2001
- Panorama culturale del lago Fertö/Neusiedlersee (in comune con l'Ungheria), 2001

Passo per passo	Klar!	Noch unsicher
Ich kenne die Bedeutung Italiens als Land der Kunst und kann darüber reden.		
Ich kann einen (Kunst-) Gegenstand beschreiben und subjektiv bewerten.		
Ich kann sinnliche Eindrücke wiedergeben.		
Ich kann Informationen über Sehenswürdigkeiten in meinem Umfeld geben.		
Ich kann mich schriftlich über ein Kunstseminar in Italien informieren.		
Ich kann ein Kunstwerk in Auftrag geben. ;-)		

Parole

il pittore / la pittrice
lo scultore / la scultrice
l'architetto
il compositore
l'artista

la guida turistica
la visita guidata
l'itinerario

la creazione
l'opera d'arte
l'opera lirica
il capolavoro
il quadro
la pittura
la scultura
l'arte contemporanea

il patrimonio artistico
la degradazione
l'artigianato (artistico)
la storia dell'arte
l'Accademia delle Belle Arti
l'umanità
il sito

dedicar(si) a
dare il suo giudizio

il museo
la mostra
la collezione
l'asta
il biglietto d'ingresso

l'impressione
la sensazione (di gioia)
l'emozione
l'angoscia
la passione
appassionato d'arte

prezioso
antico
famoso
rivoluzionario
eccezionale
apprezzato
impressionante
magico
mitico
strano
piacevole
crudele
violente

mi ha emozionato
mi ha fatto impressione

creare
costruire
realizzare
conservare
danneggiare
dipingere
disegnare
giudicare
soddisfare
essere soddisfatto
provare (una sensazione)

l'antichità
i romani
gli etruschi
il medioevo
il rinascimento
il barocco
il classicismo
lo stile liberty

medievale
gotico
rinascimentale
barocco

il quattrocento
il cinquecento
il seicento
il secolo

il delitto
il furto (su commissione)
il ladro
la traccia
il riscatto
il tesoro
il valore
lo scandalo

luogo di nascita
la morte

il luogo
l'edificio
il monumento
la fontana
la chiesa
il convento
il monastero
il castello
il (palazzo) municipio
il duomo
gli scavi
i ruderi

In questa raccolta troverete per ogni categoria un testo come esempio. Per saperne di più, guardate nel libro degli esercizi.

cronaca

Artnapping – 10 milioni per la Saliera di Cellini

Data 21/1/2006 9:49:00 I **Argomento**: Cronaca

La Saliera di Benvenuto Cellini è stata restituita! Per la restituzione della Saliera, rubata durante un furto l'11 maggio 2003 dal *Kunsthistorisches Museum* di Vienna, i delinquenti avevano richiesto la somma di 10 milioni di euro. Le trattative per la restituzione, secondo un portavoce della polizia viennese, erano state avviate già dal 7 ottobre dell'anno scorso, quando i malviventi avevano contattato l'assicurazione. Alla fine dello stesso mese poi, per dimostrare le loro intenzioni era stata restituita una parte dell'opera, la figura del Tritone.
Ieri, un uomo di cui si ignorano ancora le generalità, si è consegnato alle autorità restituendo l'opera trafugata.

Il giallo si era infittito a novembre, quando un tentativo di rendere indietro il resto dell'opera non era andato a buon fine. Nel frattempo non si sono più avute notizie dai rapitori e venerdì, la polizia ha pubblicato una foto segnaletica di uno dei sospettati.

La Saliera di Cellini, eseguita a Parigi tra il 1540 e il 1543, un capolavoro assoluto dell'arte minore, ha un valore di 50 milioni di euro, ma è così conosciuta, che risulta difficilmente inseribile nel mercato.

"E' il momento più bello della mia vita", ha affermato Wilfried Seipel, direttore generale del *Kunsthistorisches Museum* raggiunto telefonicamente dall'agenzia di stampa austriaca *Apa*.
Ulteriori notizie saranno disponibili al termine delle indagini preliminari degli inquirenti.

Alessio Tarani

Questa notizia proviene da *Arte Faq*
http://www.artfaq.it

lettera al giornale

Mamma chiede aiuto e consigli

Martedì, 24 gennaio 2006 ore 10:06

Gent.mo Direttore, mi rivolgo a Lei per un problema che mi assilla da pochi giorni e che da sola al momento non riesco a trovare una soluzione.
Casualmente sono venuta a conoscenza che mia figlia, 14 anni compiuti da poco, ha una relazione con un ragazzo di 11 anni più vecchio di lei.
Ho verificato con mia figlia il tutto, pensavo fossero dicerie, ha confermato e così mi sono subito premurata di incontrare questa persona "adulta" (se così si può definire questo individuo) per fargli capire che un relazione tra un venticinquenne e una quattordicenne non può funzionare e che non mi sembra il caso che mia figlia si bruci la sua adolescenza e sarebbe il caso che tutto ciò finisse.
Tutto questo che Le ho scritto è una sintesi ma la discussione tra me e questo individuo è durata quasi un'ora.
L'individuo non mi ha rassicurata nel non incontrare mia figlia, anzi ha esordito dicendo che non vede nessuna difficoltà nella differenza di età.
Visto che mia figlia è minorenne questa persona può essere segnalata alle forze dell'ordine?
Posso esporre denuncia?
E' il caso che mi rivolga ad un avvocato?
Esiste una legge, uno stralcio di articolo dove io mi possa appigliare?
La ringrazio per la disponibilità e per una eventuale risposta.

Distinti saluti Maria Teresa

Lettere al Direttore Il tuo punto di vista sulle cose http://www.letterealdirettore.it/

biografia

Lorenzo Da Ponte

Lorenzo Da Ponte (Ceneda, Treviso, 10 marzo 1749 - New York, USA, 1 agosto 1838), poeta e librettista italiano noto soprattutto in quanto autore dei libretti di tre grandi opere di Mozart.
Nasce da una famiglia ebrea ed il suo nome originale è Emanuele Conegliano. Nel 1763 tutta la famiglia si fa cristiana e prende il nome del vescovo che li aveva battezzati. Successivamente diventa prete e vive a Venezia. Qui però si dimostra libertino e spregiudicato e nel 1779 viene espulso dalla Repubblica di Venezia. Trasferitosi a Vienna, per interessamento di Antonio Salieri e per la sua abilità di librettista diventa poeta ufficiale della corte dell'imperatore Giuseppe II. Va ricordato che in quegli anni era quasi d'obbligo che le opere avessero il libretto in italiano. Da Ponte si dimostra in grado di sfornare numerosi libretti di successo per vari musicisti.
È di questi anni la collaborazione con Mozart per la creazione di tre capolavori: Le nozze di Figaro (1786) dalla commedia di Beaumarchais, Don Giovanni (1787) (al libretto diede qualche contributo anche Giacomo Casanova) e Così fan tutte (1790).
Dopo la morte di Giuseppe II nel 1790, Da Ponte cade in disgrazia presso la corte e nel 1791 si deve allontanare da Vienna. Persa la popolarità dal 1792 al 1805 vive a Londra; successivamente si trasferisce negli Stati Uniti e dopo alcuni spostamenti si stabilisce a New York. Qui si dedica all'insegnamento della lingua e della letteratura italiana; cerca inoltre, ma con scarso successo, di promuovere la costituzione di un primo teatro operistico. Dal 1823 al 1827 pubblica le sue Memorie in 4 volumi; una loro stesura definitiva viene redatta dal 1829 al 1830. Viene pubblicato anche un libello l'Anti-da Ponte che attacca le sue capacità poetiche.

da Wikipedia

curriculum vitae

FORMATO EUROPEO PER IL CURRICULUM VITAE	
INFORMAZIONI PERSONALI	
Nome	FRANCHI SILVIA
Indirizzo	27, VIA ROMA, codice postale, città, Italia
Telefono	
Fax	
E-mail	
Nazionalità	
Data di nascita	20 maggio 1985
ISTRUZIONE E FORMAZIONE	
• Date (da – a)	dal 1997 al 2002 liceo classico a Padova
• Nome e tipo di istituto di istruzione o formazione	facoltà di lettere e filosofia di Padova
• Principali materie / abilità professionali oggetto dello studio	
• Qualifica conseguita	
CAPACITÀ E COMPETENZE PERSONALI	
MADRELINGUA	[Indicare la madrelingua]
ALTRE LINGUA	
	[Indicare la lingua]
• Capacità di lettura	[Indicare il livello: eccellente, buono, elementare.]
• Capacità di scrittura	[Indicare il livello: eccellente, buono, elementare.]
• Capacità di espressione orale	[Indicare il livello: eccellente, buono, elementare.]
PATENTE O PATENTI	

modulo semplificato

identikit

IL VOLTO DI PROVENZANO

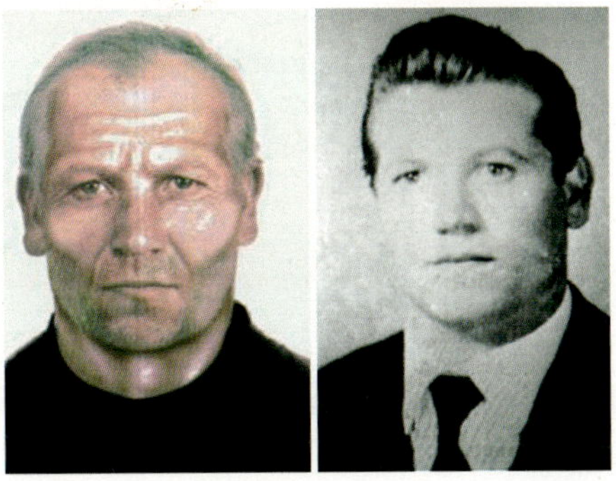

Magro, invecchiato, provato. Ecco il nuovo identikit del boss

Palermo, 7 marzo 2005 - Gli zigomi sporgenti, smagrito e stanco, stempiato, l'attaccatura dei capelli alta. Alla questura di Palermo viene tolto il velo al nuovo identikit del boss Bernardo Provenzano.

Davanti ai giornalisti c'è il procuratore di Palermo Piero Grasso, assieme al prefetto Nicola Cavaliere, titolare di incarichi speciali di polizia. Di Provenzano si conoscevano solo cinque vecchie fotografie in bianco e nero (due segnaletiche, due fototessera e una che ritrae il capomafia da giovane) e le elaborazioni trattate al computer.

Chi lo ha visto da vicino lo ha sempre indicato come un uomo tarchiato, poco più alto di Totò Riina. Negli ultimi tempi Provenzano, nato a Corleone il 31 gennaio 1933, è apparso come un uomo molto anziano, con il volto segnato dall'età e dalla sofferenza.

Il boss dei boss è irreperibile dal 9 maggio del 1963, dopo l'ennesimo agguato della faida fra la cosca di Luciano Liggio, di cui faceva parte, e quella del dottore Michele Navarra. Fra il 1943 e il 1961, Corleone fu insanguinata da cinquantadue omicidi e ventidue tentati omicidi, oltre un numero imprecisabile di «lupare bianche».

Quella mattina di maggio, quattro sicari fra i più temuti - Giuseppe Ruffino, Calogero Bagarella, Giovanni e Bernardo Provenzano - si erano dati appuntamento in strada al sorgere dell'alba. Per ordine di Luciano Liggio avrebbero dovuto uccidere Francesco Paolo Streva, esponente del clan Navarra: «Elemento scaltro, coraggioso e vendicativo - scriveva di lui la polizia, che lo aveva proposto per il soggiorno obbligato - si sposta con due pistole alla cintola».

Quella mattina, Streva riuscì a rispondere al fuoco e scampò alla morte. Fu poi ucciso il 10 settembre. Otto giorni dopo, i carabinieri denunciarono Provenzano: così il 18 settembre 1963 iniziava ufficialmente la latitanza della primula rossa di Corleone. Del boss, non restavano che una foto segnaletica scattata il 18 settembre 1959: mostra il volto di un uomo che sembra essere appena uscito dal barbiere, con i capelli lucidi di brillantina ed il volto pieno e segnato dal taglio profondo degli occhi.

http://qn.quotidiano.net/

critica

"G1000"

gratis su internet
18/01/2006

Generazione 1000 euro, è il primo *"reality book"* che accende i riflettori su una "Meglio Gioventù" troppo spesso trascurata, banalizzata e sottovalutata.

Avete voglia di novità letterarie per il nuovo anno?
Allora leggetevi questo libro, liberamente scaricabile da internet, scritto da Antonio Incorvaia (anche collaboratore di Smemoranda) e Alessandro Rimassa:
Generazione 1000 euro che racconta una storia che riguarda molti di noi.

I due giovani autori, colpiti da una definizione data dal quotidiano spagnolo El Pais a tutti quei lavoratori precari o pseudotali costretti a vivere con mille euro al mese, hanno pensato di trattare questo delicato argomento letterariamente.

"Generazione 1.000 euro" è la storia di Claudio, un ragazzo emiliano di 27 anni, laureato, che vive e lavora a Milano come junior account nel marketing di una multinazionale e condivide un appartamento in affitto con alcuni coetanei in zona periferica.
Anche se soddisfatto del suo impiego, la sua posizione (in co.co.pro. a 1.028 euro netti al mese senza tredicesima) non gli concede nessun beneficio e nessuna garanzia, ma cerca, comunque, di non considerare, la sua condizione come un limite, bensì come uno stimolo a reagire e a trovare ogni giorno nuove prospettive.

Quindi è anche la storia di tutte le persone come Claudio (quattro milioni e mezzo in Italia) che vivono da precari senza nessuna certezza, ma tante speranze: una vera e propria generazione, quella dei **Milleuristi**.

da *Smemoranda*, gennaio 2006

diario

11 gennaio. Oggi è stata una giornata un po' bella e un po' brutta; tanto per cominciare stamattina c'era la neve, e a me piace la neve, forse perché sono nato quando nevicava, ... o forse perché è veramente bella la neve.
Stamattina abbiamo fatto disegno tecnico fino all'intervallo e sono andato a fare composizione.
Ho mangiato, come al solito uno schifo. Stasera ho sentito un po' di dischi, ho sentito la solita lagna e ora sono a letto; però com'è triste la vita chiuso in quattro mura, essere comandato e tante volte sogni la libertà, ma sai che è troppo lontana o troppo vicina e non hai il coraggio di prenderla. E pensi a tutti gli sbagli, a tutto quello che è successo, ma purtroppo ora non puoi fare niente.
Ciao, dolce amico diario.

da: *Scusa i mancati giorni* di Daniele Leandri, Einaudi 1987

....

1 febbraio. Che giornata movimentata! E quale imbarazzo! Quale groviglio di frustrazioni, dubbi, contraddizioni! È cominciata quando mi è stato chiesto di presiedere al seggio per le elezioni della Rsu (Rappresentanza sindacale unitaria), nonostante si sapesse già da giorni che le elezioni erano state rimandate fino al Duemila. Il Preside era desolato perché, certo, sì, sapeva anche lui che queste votazioni non servivano a niente, ma intanto c'era la circolare del Provveditore che stabiliva l'apertura del seggio....

31 marzo. Ultimo giorno di scuola prima delle vacanze di Pasqua. Abbiamo portato gli alunni alla nuova multisala aperta a Pomezia, a vedere *Train de vie*. Un film straordinario, geniale, capace di ribaltare da un'inquadratura all'altra ogni ruolo e di guardare alla tragedia della Shoa con uno sguardo obliquo, ironico, poetico, in modo diverso (perché diverso è lo stile) ma analogo (per una vicinanza poetica tra i due autori) a *La vita è bella* di Benigni.
Io non l'avevo mai visto prima e mi sono emozionato, gli alunni in gran parte si sono annoiati...

da: *Registro di classe* di Sandro Onori, Einaudi 2000

monologo interiore

Nessun problema. Cosa c'è? C'è che ho le valigie pronte e forse non ho voglia di partire. Che non c'è posto in valigia per il CD jungle di Björk e la cassetta di Sade. Che in valigia non entrano il pomeriggio e il sole caldo di quell'aprile, con mio non alla TV e Radio Tirana che mi vomitava addosso quintali di proclami. Che sono sempre stato un bravo ragazzo e andavo bene a scuola e non potevo avere problemi, e dunque non davo problemi, non potevo avere problemi, io, ben inquadrato, diligente, perfettino, quando piangevo di nascosto e loro non mi chiedevano niente, quando sapevano che qualcosa non andava e non mi guardavano, quando ero seppellito in casa e non mi spingevano fuori, quando, Cristo, morivo, ma per loro ero ancora vivo, quando non riuscivo ad amare ma per loro ero comunque un piccolo genio, quando volevo essere guidato ma mi lasciavano libero, quando volevo un consiglio ma mi facevano decidere da solo, quando volevo decidere da solo e mi "consigliavano" perché è per il mio bene, sì, per lui ma non per me. Che a diciotto anni sapevo cosa volevo e loro sapevano e non volevano e mi chiedo ancora, dieci anni dopo, se potevano sentire il mio urlo silenzioso che reclamava la vita, quella vita che loro mi hanno concesso, non donato, e che ancora oggi eccheggia in quella stanza dove mio nonno guardava la TV e io ascoltavo Radio Tirana e dove adesso chiudo le valigie e mi chiedo se possono spegnerlo, quest'urlo che ascolto ancora, io, non loro – lo sentite? – e spero che resti qui, fra queste mura e mi risparmi. Prendo le valigie. So long. Andiamo, è tempo di migrare. (Dom T.)

da: *Quello che ho da dirvi*, Autoritratto delle ragazze e die ragazzi italiani a cura di Giuseppe Caliceti e Giulio Mozzi, Einaudi 1998

....

Oh, finalmente: ecco l'autobus. È di quelli completamente imbrattati dalla pubblicità (di un telefonino, naturalmente): non capisco se è un'idea di marketing geniale o un'assoluta idiozia, visto che ricopre per intero anche i finestrini e, per quel che mi riguarda, io il cellulare in questione sento già di detestarlo.

Otto minuti e dovrei essere al metrò, poi in altri tredici arriverò in centro. Quattro minuti a piedi e sono in ufficio. Totale: venticinque minuti. Arriverò a un quarto alle undici, quasi due ore di ritardo: grandioso!
Immagino già la situazione: Daniele che ancora pensa al suo party di ieri con l'aria di chi è tanto felice per la festa e tanto disperato per aver compiuto i fatidici trenta, Gloria al telefono con marito/bambina/babysitter, Mark che parla contemporaneamente su quattro linee (e con almeno due persone sedute davanti a lui in ufficio) senza perdere il suo savoir faire da perfetto inglese, Stefania indecisa se isterizzarsi perché non ci sono o perché ha indossato una camicetta che «forse però era meglio metterne una diversa...».
Pausa. Svuoto la mente come si fa col cartone del latte quando lo sbatti per far scendere l'ultima goccia.
E se spegnessi il cellulare e sparissi per sempre? Impossibile: non avrei né il coraggio né i soldi. Forse nemmeno la voglia. Se invece sparissi solo per un giorno? Ventiquattro ore di buio in cui dimenticarmi chi sono e vivere fuori dal tempo: sarebbe come camminare sulla Luna...

da: *Generazione 1000 Euro* di Antonio Incorvaia e Alessandro Rimassa

dialogo

GIULIANA Pietro!
PIETRO Eccomi.
GIULIANA Vittoria non è tornata!
PIETRO Come non è tornata?
GIULIANA Non è tornata da ieri. Non è tornata, dopo il parrucchiere. Tu stavi fuori a cena, io ho bevuto un bicchiere di latte e me ne sono andata a dormire. Stamattina, dopo che sei uscito tu, suono il campanello, e non risponde. Mi alzo, la cerco in tutta la casa, e non c'è.
PIETRO Dobbiamo telefonare in questura?
GIULIANA No. La portinaia dice che sarà andata di nuovo dalla signora Giacchetta. Le piaceva così tanto stare dalla signora Giacchetta. Non aveva quasi niente da fare. Qui anche le piaceva, ma trovava che c'era troppo lavoro.
PIETRO Che lavoro c'è qui? Siamo due persone sole, la casa è piccola?
GIULIANA Sì, ma tu ti cambi la camicia due volte al giorno. Non le piaceva stirare, a Vittoria. Dalla signora Giacchetta non c'erano camicie da uomo. La signora Giacchetta è vedova.
PIETRO Mi dispiace.
GIULIANA Ti dispiace che è vedova?
PIETRO Mi dispiace di Vittoria. Dovremo cercare un'altra donna. Telefona a un'agenzia.
GIULIANA Se dici che non c'è da fidarsi delle agenzie!
PIETRO Come hai fatto per cucinare? Tra poco, saranno qui mia sorella e mia madre.
GIULIANA Avevo in casa dello spezzatino di ieri. L'ho scaldato.
PIETRO Lo spezzatino mia madre non lo può mangiare! Ti ho detto che ha l'ulcera gastrica!
GIULIANA Non va bene per l'ulcera gastrica, spezzatino in umido con le patate?
PIETRO E poi ce ne sarà stato poco!
GIULIANA Macché. È almeno un chilo di carne. Poi ho chiamato la portinaia, e l'ho pregata di imprestarmi un mollettone. Il mollettone doveva comprarlo Vittoria, in Piazza Bologna.
PIETRO (guardando sotto la tovaglia) Questo non è un mollettone. È una tela incerata.
GIULIANA Sì. La portinaia lo usava per coprire la carrozzina del suo bambino. Ma è pulita. GLiel'ho fatta pulire con la spugna.
PIETRO Per primo? Per primo cosa c'è?
GIULIANA Per primo? Per primo piatto, dici?
PIETRO Sì?
GIULIANA Niente. C'è un poco di melanzane alla parmigiana, avanzate da ieri.
PIETRO Non puoi dare a mia madre un pranzo tutto di avanzati! Fai del riso al burro!
GIULIANA Faccio del riso al burro? Va bene. Mi sono alzata tardi stamattina, e poi speravo sempre che tornasse Vittoria. Mi dispiace tanto che non torni più. Stavo bene con lei. Chiacchieravo. Le raccontavo tutti i miei fatti. …

da: *Ti ho sposato per allegria* di Natalia Ginzburg, Einaudi 1982

forum

Ho 30 anni e guadagno 1.200 euro al mese, sono sposata da pochissimo e quindi capisco cosa vuol dire fare i salti mortali per arrivare a fine mese e tentare di mettere da parte un pò di soldi (fortuna che ci sono i gentori a darci una mano)! Spero che in Italia si riesca finalmente a risolvere il "problema lavoro" per noi e per le generazioni future.
Federica

Sono un padre
Non so se può essere utile l'esperienza di un padre pensionato di 72 anni che vede la drammaticità della situazione dei propri figli mentre anche lui avrebbe sognato...dopo tanti sacrifici...di vederli "sistemati" ed invece occorre attingere alla pensione...
Forse i giovani non sanno (e forse e meglio che non sappiano perché gli bastano i loro problemi) che in fondo la "realizzazione" della vita di un padre (normale) sarebbe anche quella di terminare la vita con una certa serenità...per la felicità dei figli.
Mondo ladro, sono stato un dirigente d'azienda, ma al di là di ogni tendenza politica, oggi viviamo come se del futuro non ce ne fregasse niente. Ma quale è stato lo scopo della nostra vita? Berlusconi? Fassino, Bonolis? De Filippis? il Milionaro? A mio avviso sono quanto meno dei pazzi incoscienti.
Auguri e se possibile coraggio!
Peter

7.600 euro (in un anno)
Mi chiamo Giuseppe, ho 30 anni e sono sardo.
Io 1000 euro non li guadagno...nel 2005 ho incassato 7.600 euro, che al lordo del 20% diventano 6.080, che vuol dire la faraonica cifra di 506 euro al mese!
Ringrazio la fortuna di vivere ancora con mia mamma, perché veramente non saprei cosa fare, se non avessi questa opportunità.
E dire che ho passato 24 dei miei 30 anni sui libri.
Mi sono laureato, nei tempi giusti, ho svolto qualche lavoretto e ho preso due specializzazioni, eppure mi trovo ancora in questa situazione. Cioè lavori a contratto, sottopagati, alternati al frenetico invio di curriculum.
Grazie per l'ascolto.
Giuseppe

intervista

Sanremo:
l'angelo di Francesco Renga

Domenica, 06 Marzo 2005

Quattro chiacchiere con il vincitore di questa edizione del Festival di Sanremo

Con la sua "Angelo", brano intenso e musicalmente coraggioso, sul palco dell'Ariston ha dimostrato ancora una volta le sue incredibili capacità vocali: e ha vinto.

Ex leader dei Timoria, dove ha militato per 13 anni, **Francesco Renga** è sicuramente uno degli artisti più interessanti del panorama musicale italiano.

Francesco, come è nata "Angelo"?
"Come sempre capita, nel momento meno aspettato: stavo lavorando al nuovo disco e contemporaneamente, avevo già ricevuto i primi inviti da Paolo per partecipare al Festival. Angelo è nata in modo spontaneo, mi è esplosa tra le mani. E' un brano che esprime il momento particolare che sto vivendo (Francesco è papà di una bambina, Jolanda, avuta dalla compagna Ambra Angiolini) come uomo e come artista".

Un giudizio su questo Festival?
"Credo che questo sia stato un buon Festival, non solo per gli ascolti alti, ma per la musica italiana che troppo spesso viene bistrattata".

Cosa hanno lasciato nella tua musica i 13 anni passati nei "Timoria"?
"Tutto. Fanno parte del mio Dna musicale. Sono stati anni importantissimi per la mia formazione musicale, anni che ricordo con piacere e che a volte rimpiango. E nelle mie canzoni (anche in 'Angelo') questo periodo ha lasciato una traccia visibile: dalle citazioni rock alla musica anni '70".

E chi ti seguiva con i Timoria ha continuato a farlo anche adesso che prosegui la carriera musicale da solista?
"Certo, chi mi ascoltava nei Timoria mi segue ed è curioso di vedere dove mi porterà questo nuovo percorso musicale".

Che cosa ti farebbe più piacere sentirti dire dal pubblico?
"Quello che mi dicono: cioè che sembro uno di loro. Che poi, secondo me, è questo il fine di un musicista: stare vicino al pubblico. Purtroppo, spesso si finisce 'ingabbiati' in camere d'albergo e il contatto un po' si perde".

Dopo Sanremo cosa farai?
"Martedì otto marzo riprenderò il tour (prima tappa Trento) che porterò avanti fino al 25 marzo. Dopo, mi prenderò una piccola vacanza e riprenderò i concerti in estate".

Sara Barbieri

lettera personale

Caro Delio, 20 maggio 1929

ho saputo che vai a scuola, che sei alto ben 1 metro e 8 centimetri e che pesi 18 chili. Così penso che tu sei già molto grande e che tra poco tempo scriverai delle lettere. In attesa di ciò, puoi già oggi fare scrivere alla mamma, sotto la tua dettatura, delle lettere, come facevi scrivere a me, a Roma, i pimpò[1] per la nonna. Così mi dirai se a scuola ti piacciono gi altri bambini e cosa impari e come ti piace giocare. So che costruisci aeroplani e treni e partecipi attivamente all'industrializzazione del paese[2], ma poi questi aeroplani volano davvero e questi treni corrono? Se ci fossi io, almeno metterei la sigaretta nella ciminiera, in modo che si vedesse un po' di fumo!

Poi mi devi scrivere qualcosa di Giuliano. Che te ne pare? Ti aiuta nei tuoi lavori? È anch'egli un costruttore, oppure è ancora troppo piccolo, per meritarsi questa qualifica? Insomma io voglio sapere un mucchio di cose e poiché tu sei così grande, e, mi hano detto, anche un po' chiaccherino, così sono sicuro che mi scriverai, con la mano della mamma, per adesso, una lettera lunga lunga, con tutte queste notizie e alte ancora. E io ti darò notizie di una rosa che ho piantato[3] e di una lucertola* che voglio educare. Bacia Giuliano per conto mio e anche la mamma e tutti quanti di casa e la mamma bacerà te a sua volta per conto mio.

Toi papa[4]

* Ho pensato che tu forse non conosci le lucertole: si tratta di una specie di coccodrilli che rimangono sempre piccini.

1) parola infantile (quandera a Roma col padre, Delio non aveva ancora 2 anni). Vuol forse significare "biglietti", "lettere".
2) Gramsci allude, scherzando, ai giocattoli costruiti da Delio con il meccano (cfr. lettere 20 e 25). Ma in questa frase c'è anche un riferimento serio allo sviluppo industriale dell'URSS: che, iniziato proprio nel 1929 con il primo piano quinquennale (negli anni in cui l'Occidente si dibatteva nella stretta della crisi economica), portò l'Unione sovietica a diventare la seconda nazione industriale del mondo.
3) Nel cortile della Casa penale di Turi, Gramsci aveva piantato, per passatempo, alcune varietà di fiori e di ortaggi (su questo argomento si veda la lettera successiva a Tania).
4) La firma riproduce, non del tutto esattamente, l'espressione russa tvoj papa, tuo papà.

da *Lettere dal carcere* di Antonio Gramsci, Einaudi 1977

e-mail

da: sandra negri [mailto:sneg@libero.it]
spedito:
a: silvia bonelli
oggetto: Ri: casa dolce casa

Ciao, mamma è contenta di tutto quello che fate vuole rivederti gli manchi, ha detto che quando vieni e se vieni vuole farti assaggiare tutte le cose che ti piacciono come pizza patate(patataro)e altre cose che sai tu...Lo sai chi ho visto oggi nel pullman? ti ricordi del nipote del pazzo di Marzocco che veniva in classe con te, ti saluta, mi ha raccontato di quando tu gli passavi i compiti. Comunque ti saluta papà e anche io...ah sí e poi ieri è arrivato focus – fra una settimana dovrebbe arrivare geo, nella prossima settimana te li mando....a propostito di Gaetano, non può scrivere perché il computer ha un virus e gli dà problemi con la connessione ad internet....per questo non può risponderti.... cmq a presto..
spero che stiate tutti bene buona domenica a tutti
Sandra

----- Original Message -----
From: Silvia Bonelli
To: 'Sanda'
Sent:
Subject: RE : casa dolce casa

Quando potresti venire? Saremmo contenti di vederti. Come sta la mamma? E Gaetano?

----- Original Message -----
From: sandra negri
To: silvia bonelli
Sent:
Subject: RE: casa dolce casa

Ciao Silvia, oggi l'unica materia in cui abbiamo fatto qualcosa era ITALIANO!!strano...abbiamo letto delle cose. Quanto odio la martinelli anche alla fine delle scuole ci fa studiare...mentre le altre materie - assolutamente niente!
nel pomeriggio l'unico lavoro che abbiamo fatto é stato quello di sistemare l'aula di visiva..perché alle elementari serve un'aula in più.
Mandami delle foto, sono curiosa di vedere. Forse posso venirvi a trovare.
Sandra

----- Original Message -----
From: Silvia Bonelli
To: 'Sanda'
Sent:
Subject: casa dolce casa

ciao sorellina! ecco la bella novità di oggi: abbiamo finalmente una casa che comincia a sembrare una vera casa! eh si finalmente ci siamo decisi ad arredarla e oggi ci sono stati consegnati il nostro divano con il tavolo e le sedie....bello no?! Abbiamo fretta di farvela vedere...chi sa se non riusciamo a mandarvi qualche foto tra poco!
Per il resto niente di speciale, io mi faccio 12 ore di lavoro oggi e altre 8 domani e giuseppe lui...al riposo a casa!
A scuola, come va?
un bacione a tutti e a presto!!! Silvia

lettera commerciale

oggetto: divano OSAKA

Spett. ditta
Divani&Divani by Natuzzi

Con riferimento al ns. ordine del 15/02 dobbiamo purtroppo rilevare che il divano da consegnare non ci è ancora pervenuto.
Ci permettiamo di ricordarVi che, come stabilito di comune accordo, Vi eravate impegnati ad effettuare la consegna entro tre settimane.
Dato che ci siamo impegnati con i ns. clienti, ci vediamo costretti a sollecitare ancora una volta la spedizione della fornitura.
Vogliate tener presente che l'ultimo termine utile scade il 15/04; dopo tale data il ns. ordine è da considerarsi annullato.

In attesa di una Vs. conferma, Vi porgiamo distinti saluti.

Anna Moretti

oggetto: divano OSAKA

Spett. ditta
Divani&Divani by Natuzzi

La merce che ci avete spedito ci è pervenuta oggi. Dopo aver aperto le scatole, abbiamo rilevato con ns. vivo disappunto che il divano da Voi spedito non è conforme al ns. ordine. Invece del modello OSAKA, avete mandato un divano modello BARBAN.
Dato che la consegna è avvenuta con grande ritardo e per mancanza di un imballaggio sufficiente è parzialmente danneggiata, Vi ritorniamo la fornitura, addebitandoVi le spese.

Distinti saluti

Anna Moretti

questionario

Che lavoro vorresti fare?
→ Il mio sogno sarebbe l'artista di strada o la scrittrice.

Qual'è il tuo sport preferito?
→ Non sono una grande appassionata di sport ma vado volentieri a vedere e a tifare mia sorella che gioca a basket!

Dormi con la luce accesa o spenta?
→ Spentissima!

Hai un sogno ricorrente? Se sì, quale?
→ Più che un sogno è un genere di sogno... il luogo e le persone sono sempre diverse ma spesso sogno di salvare il mondo...

Qual'è la tua più grande paura?
→ Rimanere da sola...essere abbandonata, tradita...

Hai mai pianto vedendo un film?
→ Ho pianto per quasi ogni tipo di film e per molti cartoni animati, pure!

Se sì, quale film?
→ Il film per cui ho pianto di più in assoluto è stato E.T.!!!

Il tuo attore preferito?
→ Johnny Depp, Al Pacino...italiani Stefano Accorsi e Luigi Lo Cascio.

La tua attrice preferita?
→ Angelina Jolie e anche Madonna, di italiane la Mezzogiorno.

Un bicchiere riempito a metà, è mezzo pieno o mezzo vuoto?
→ Mezzo pieno!

Hai mai pensato al suicidio?
→ Ho pensato al suicidio dopo una delusione amorosa...se mi capitasse adesso penserei invece all'OMICIDIO!

Un tuo difetto (caratteriale...)...
→ Mi innervosisco troppo velocemente...e poi mi passa ancora più velocemente.

Un tuo pregio (caratteriale)...
→ La razionalità.

Ti piaci?
→ Fondamentalmente mi accetto.

Perché stai rispondendo a queste sondaggio stupido e demenziale?
→ ...faccio spesso cose stupide e demenziali!

Temi e testi: itinerari

Ecco 10 possibili itinerari attraverso Detto fatto 3. Sai trovarne altri?

Temi	donne	cinema	mangiare	italiano	soldi/lavoro
Amare la musica	3E Carmen Consoli 9C Laura Isnenghi	3D L'ultimo bacio 8C Bellissima			
Comprare made in Italy			1C Prodotti e gusti 3E Parmigiano reggiano		7B Sergio, laureato al call center 7D Bisogna arrangiarsi
Crescere	4 Angela Randazzo 8A Problemi di ragazze		8C Vizi degli italiani		3A Servizio civile 4B Gioco di ruolo 4E Professioni nell'UE 6 Paghetta
Superare i confini	4A Animatrice al babyhotel		2C Dolci differenze 9A Turisti non per caso	5A Imparare l'italiano 4B Famiglie bilinguali	7A Investimenti italiani in Austria 8 Ragazze alla pari 9A Turisti non per caso
Essere una famiglia	4A Nonni babysitter 7C Mamma 8D Donne e matrimonio 9B Tre donne		10A La corretta alimentazione	2A Lessico famigliare	
Viaggiare per l'Italia			8 Slowfood	6 Lingua italiana 6B Dialetti 6E Tu e Lei	
Leggere	9 Margaret Mazzantini	5E Io non ho paura			
Andare al cinema	5A Giovanna Mezzogiorno				
Capire la mafia	3 Finestre accese			2 Glossario mafia 6A Ninna nanna;	
Vivere d'arte				5A Blog di Alessia	2 Guide turistiche
Anhang					Curriculum Forum, Lettera commerciale

Temi	politica/ crimi-nalitá/mafia	leggere	scuola	giovani	amore
Amare la musica	5A La balla-ta del Miché			6 50 special 8D Suonare uno stru-mento	3D L'ultimo bacio, 5A La ballata del Miché
Comprare made in Italy	6E La Lega e la Lira 7A Povera Italia?			5 Scooter 7D Bisogna arrangiarsi	3B Pubblicitá
Crescere	2A Riforma Moratti	5D Testi sull'amore	2 Riforma del sistema scolastico	7 Vestirsi gio-vani 8 Problemi di ragazzi 10A Viaggiare interrail	5A Amore in chat 5B Sessualità on-line
Superare i confini	6 Unione Europea		2A Scambio scolastico 5 Studiare le lingue	8 Ragazzi alla pari	
Essere una famiglia	3B Politica e natalità	7A Dizionarietto 11 Famiglia		5B Fratelli e sorelle 6A Telefono azzurro	6B Divorzio
Viaggiare per l'Italia	5A Padania 5C Partiti politici 9 Legambiente 11 Immigrazione 12 Ponte di Messina		4 Scuola di Arzano	5B Fare i poli-tici 6D Linguaggio dei giovani	
Leggere	5 Io non ho paura 6 Storia di un rapito			6 Storia di un rapito	7 Ho voglia di te
Andare al cinema	13 Da cine-ma della mafia a cen-tro culturale			9 Il grande cocomero	10A Pomiciata al cinema
Capire la mafia	10 Organi dello stato 11 Europa e criminalità	3 Finestre accese		4 Giovani di Scampia 14 Gioco	
Vivere d'arte	6 Caravaggio 12A Furti d'arte		5B Insegnare l'arte		
Anhang	Artnapping Provenzano	Generazione 1000€		Diario Monologo interiore Caro Delio	Lettera al gior-nale

Lesen	Klar!	Noch unsicher
Ich kann den Inhalt verschiedener Textsorten über aktuelle Themen erfassen und entscheiden, ob sich eine genauere Bearbeitung lohnt (im Hinblick auf eine bestimmte Aufgabenstellung, wie zB bei Referaten, Gruppenarbeiten, Spezialgebieten, Fachbereichsarbeiten etc.).		
Ich kann Sachtexte lesen und ausreichend verstehen, auch wenn es sich um für mich unbekannte Themen handelt – vorausgesetzt, ich kann ein Wörterbuch benutzen.		
Ich kann Texte zu mir bekannten Themen im Detail verstehen und bestimmte Haltungen und Standpunkte des Verfassers erkennen.		
Ich kann Briefe, die sich mit verschiedenen Themen und Problemen des Alltagslebens befassen (zB: Leser-, Beschwerdebriefe), verstehen und auch Wünsche und Gefühle des Verfassers erkennen.		
Ich kann Handlung und Aussage eines literarischen Textes mit Hilfestellung durch den Lehrer oder die Lehrerin und/oder mit Hilfe eines Wörterbuchs verstehen.		

Hören	Klar!	Noch unsicher
Ich kann verstehen, was man in einem Alltagsgespräch zu mir sagt, wenn deutlich gesprochen wird; ich muss aber manchmal darum bitten, dass bestimmte Wörter und Wendungen wiederholt werden.		
Ich kann normalerweise einem längeren Gespräch in den wesentlichen Punkten folgen, vorausgesetzt es wird deutlich gesprochen und Standardsprache verwendet.		
Ich verstehe die Hauptinformationen, wenn in langsam und deutlich gesprochenen Tonaufnahmen von Themen die Rede ist, die mir geläufig sind.		
Ich kann einfache Anweisungen verstehen, zB wie ich ein Gerät ein- und ausschalte.		

Schreiben	Klar!	Noch unsicher
Ich kann einfache, zusammenhängende Texte über Themen, die mir vertraut sind, schreiben und meine persönliche Meinung dazu ausdrücken.		
Ich kann persönliche Briefe schreiben, über Erlebnisse und Neuigkeiten berichten und meine Gefühle dabei ausdrücken.		
Ich kann auf Anzeigen/Inserate schriftlich reagieren und nach zusätzlichen Informationen fragen.		
Ich kann Meinungen, Handlungen, Pläne schriftlich begründen und erklären.		
Ich kann die Handlung eines Buchs/Films schriftlich nacherzählen und Zeitungsartikel zusammenfassen.		

An Gesprächen teilnehmen	Klar!	Noch unsicher
Ich kann ohne Vorbereitung ein einfaches Gespräch über mir vertraute Themen führen, meinen persönlichen Standpunkt klar machen und Meinungen erfragen.		
Ich kann Gefühle wie Freude, Überraschung, Interesse ausdrücken und auf die Gefühlsäußerungen anderer reagieren.		
Ich kann persönliche Ansichten und Meinungen in einfachen Wendungen formulieren, meinem Gesprächspartner zustimmen und ihm widersprechen.		
Ich kann die meisten Situationen bewältigen, die sich auf einer Reise ergeben.		
Ich kann nach dem Weg fragen und einer detaillierten Wegbeschreibung folgen.		

Zusammenhängend sprechen	Klar!	Noch unsicher
Ich kann die Handlung eines Films oder eines Buchs mündlich wiedergeben und meine Reaktionen beschreiben.		
Ich kann detailliert über Erfahrungen berichten und meine Gefühle und Reaktionen beschreiben.		
Ich kann meine Absichten, Pläne oder Handlungen darlegen und begründen.		
Ich kann kurze Passagen aus schriftlichen Texten auf einfache Art und Weise mündlich wiedergeben.		
Ich kann, im Rahmen eines kurzen, vorbereiteten Referats, ein Fachgebiet klar und präzise erläutern.		

abbigliamento, l' *(m.)*	Kleidung
abitante, l' *(m.)*	Einwohner *(sing.)*
abitudini alimentari, le	Essensgewohnheiten
abuso fisico/sessuale, l' *(m.)*	körperl./sexueller Mißbrauch
Accademia delle Belle Arti, l' *(f.)*	Akademie d. Bild. Künste
accessori (casalinghi), gli	Haushaltsgeräte
accettarsi	sich akzeptieren
acciaio, l' *(m.)*	Stahl
accogliere (*part.* accolto)	empfangen
accompagnai *(pass.rem.)*	ich begleitete
accompagnare	begleiten
accusa, l' *(f.)*	Beschuldigung, Anklage
acquistare	erwerben
adorare qc/qu	etwas/jmd. lieben, anbeten
adozione, l' *(f.)*	Adoption
adulto, l' *(m.)*	Erwachsener
affetto, l' *(m.)*	Zuneigung
affitto, l' *(m.)*	Miete
agenzia di viaggi, l' *(f.)*	Reisebüro
agricoltura, l' *(f.)*	Landwirtschaft
aiuto, l' *(m.)*	Hilfe
al giorno d'oggi	heutzutage
album, l' *(m.)*	(Foto/Musik)Album
alibi, l' *(m.)*	Alibi
alimentazione, l' *(f.)*	Ernährung
allegato, l' *(m.)*	Beilage, beiliegend
allegro/a	fröhlich
alluvione, l' *(f.)*	Überschwemmung
Alpi, le	Alpen
Alta Austria, l' *(f.)*	Oberösterreich
amaro/a	bitter
ambientalismo, l' *(m.)*	Umweltschutz
ambientato a/in	"spielt in…"
ambiente, l' *(m.)*	Umwelt, Umfeld, Milieu, Ambiente
ammanettare	Handschellen anlegen
andai *(pass.rem.)*	ich ging
andammo *(pass.rem.)*	wir gingen
andare all'opera	in die Oper gehen
andare matto per	verrückt sein nach
animatrice, l' *(f.)*	Animatorin
antichità, l' *(f.)*	Antike
antico/a	antik
appassionante	faszinierend, ergreifend
appassionato d'arte, l'	Kunstbegeisterter
appassionato di cinema, l'	leidenschftl. Kinobesucher, "Kinofreak"
Appennini, gli	Appenin (Gebirgskette)
apprezzare	(wert)schätzen
apprezzato/a	geschätzt
appuntamento, l' *(m.)*	Verabredung, Termin
architetto, l' *(m., f.)*	Architekt/in
argento, l' *(m.)*	Silber
armi, le	Waffen
arrangiamento, l' *(m.)*	Arrangement, Musikzusammenstellung
arrangiarsi	zurechtkommen
arredamento, l' *(m.)*	Einrichtung
arrestare	verhaften
arrivare a fine mese	den Monat über die Runden bringen
arrivarono *(pass.rem.)*	sie kamen
arte contemporanea, l' *(f.)*	zeitgenöss. Kunst
artigianato (artistico) , l' *(m.)*	(Kunst) Handwerk
artista, l' *(m., f.)*	Künstler/in
aspettare un bambino	ein Kind erwarten
aspirapolvere, l' *(m.)*	Staubsauger
assomigliare a	ähnlich sehen
atteggiamento, l' *(m.)* verso qc.	Haltung jdm. gegenüber
attore famoso, un	berühmter Schauspieler
attore/attrice, l' *(m., f.)*	Schauspieler/in
attrazione, l' *(f.)*	Atraktion, Anziehungskraft
attrezzo, l' *(m.)* cucina/bagno	Ausrüstung für Küche/Bad
aumentare	erhöhen, steigern
autentico/a	authentisch
autobiografia, l' *(f.)*	Autobiografie
autonomia, l' *(f.)*	Autonomie
autore/autrice, l' *(m., f.)*	Autor/in
autorità, l' *(f.)*	Autorität
autostrada, l' *(f.)*	Autobahn
autunnale	herbst-
avere (soldi) a disposizione	(Geld) zur Verfügung haben
avere un bambino	Kind bekommen *(Perfekt)*, Kind haben *(Präsens)*
avere un diploma, una laurea	Diplom, Studium abgeschlossen haben
avere nostalgia di qc	Sehnsucht nach etwas haben
avere paura di	Angst vor etwas haben
avere successo	Erfolg haben
avere talento	Talent haben
avere una cotta per qu	"verknallt sein" in jmd.
avvincente	packend
avvocato, l' *(m., f.)*	Anwalt/Anwältin
azienda, l' *(f.)*	Betrieb, Unternehmen
bagagli, i *(plur.)*	Gepäck
bancomat, il	Bankomat
Barocco, il	Barock
barocco/a	barock
Bassa Austria, la	Niederösterreich
batteria, la	Schlagzeug
battersi per	kämpfen um
battesimo, il	Taufe
biblioteca, la	Bibliothek
biglietto d'ingresso, il	Eintrittskarte
biglietto, il	Ticket, (Eintritts)karte, Fahrschein
biografia, la	Biografie
biologico/a	biologisch
bollitore, il	Wasserkocher
borsa di studio, la	Stipendium
bosco, il	Wald
brano, il	(Musik, Text) Stück, Ausschnitt
brutta sorpresa, la	unerfreuliche Überraschung
brutto/a	hässlich, unerfreulich
Burgenland, il	Burgenland
burocrazia, la	Bürokratie
calo, il	Rückgang, Senkung
campione, il	Musterware

campo d'accoglienza, il	Auffanglager
cantante, il/la	Sänger/in
cantare	singen
cantautore/cantautrice, il/la	Liedermacher/in
canterellare	summen, trällern
canzone, la	Lied
capitale, la	Hauptstadt
capitolo, il	Kapitel
capolavoro, il	Meisterwerk
capoluogo di provincia, il	Regional-/Landeshauptstadt
carabinieri, i	Carabinieri
Carinzia, la	Kärnten
carriera, la	Karriere
carta di credito/bancomat, la	Kredit/Bankomatkarte
cartoni animati, i	Zeichentrickfilm
casa editrice, la	Verlag
casolare, il	abgelegenes Haus
cast, il	Casting, Besetzung
castello, il	Schloss (Gebäude)
categoria, la	Kathegorie
celebre	berühmt
centro di benessere, il	Wellness-Zentrum
certificato, il	Zertifikat
certificazione, la	Bestätigung
chiedere un consiglio a qu	jmd. um Rat fragen
chiesa, la	Kirche
chiese *(pass.rem.)*	er/sie fragte
chitarra (elettrica), la	(Elektro) Gitarre
cinema d'essai, il	"Programmkino"
cinema degli anni '50, il	Kino der 50er Jahre
cinema sperimentale, il	Experimentelles Kino
cinepresa, la	Filmkamera
cinquecento, il	16. Jahrhundert
citazione, la	Zitat
città, la	Stadt
cittadina, la	Städtchen
clandestini, i *(plur.)*	Illegale
classicismo, il	Klassik
classico/a	klassisch
cliente, il/la	Kunde
clima, il	Klima
coccolare	verhätscheln
collaborare	zusammenarbeiten
collaborazione tra, la	Zusammenarbeit zwischen
collezione, la	Sammlung
colloquio d'assunzione, il	Anstellungsgespräch
colonna sonora, la	Ton, Filmmusik
colpevole	schuldig
colpevole, il/la	Schuldige/r
colpire	zuschlagen, treffen
commedia, la	Komödie
commento, il	Kommentar
commercio, il	Handel
commovente	bewegend
comodo/a	bequem
competizione, la	Wettbewerb, Konkurrenz
comporre (*part.* composto)	bilden, verfassen, komponieren
compositore, il	Komponist
comprare	kaufen
comprensione reciproca, la	gegenseitiges Verständnis
comprensione, la	Verständnis
comprensivo/a	verständnisvoll
condannare	verurteilen
condizioni sociali, le *(plur.)*	soziale Umstände
confidare un segreto	Geheimnis anvertrauen
confine, il	Grenze
conflitto, il	Konflikt
confrontare qc. con qc.	etwas mit etwas vergleichen
congedo obbligatorio, il	Mutterschutz
conoscenza (di fisica), la	(Physik) Kenntnis
conosciuto/a	bekannt/e
conservare un segreto	Geheimnis für sich behalten
conservare	erhalten, bewahren
consigliare	(be)raten
consistere di	bestehen aus
consumatore, il	Konsument
consumatrice, la	Konsumentin
consumo, il	Konsum
contenere	beinhalten
contestare la scelta di qc	Entscheidung in Frage stellen
conto in banca, il	Bankkonto
contraddistinguere (*part.* contraddistinto)	auszeichnen
convento, il	Kloster, Stift
convincere qc (*part.* convinto)	jmd. überzeugen
convivenza, la	Zusammenleben
convivere (*part.* convissuto)	zusammenleben
copertina, la	Buchumschlag
copia, la	Exemplar
coraggio, il	Mut
coraggioso/a	mutig
corretta alimentazione, la	richtige Ernährung
corretto/a	korrekt, richtig
corrispondenza, la	Schriftverkehr
corruzione, la	Korruption
corte, la	Gericht(shof), Hof
cortometraggio, il	Kurzfilm
costa, la	Küste
costare	kosten
costo di vita, il	Lebenserhaltungskosten
costruire	bauen, erschaffen
cotone, il (di cotone)	Baumwolle (aus Baumwolle)
creare	gründen, schaffen, kreieren
creazione, la	Kreation
credere in qc	an etwas glauben
crescere	wachsen, aufwachsen
criminalità (organizzata), la	(organisiertes) Verbrechen
crimine, il	Verbrechen
critica, la	Kritik
critico, il	Kritiker
croccante	knusprig

cupo/a (voce cupa)	tief, düster (tiefe Stimme)
curriculum (vitae), il	Lebenslauf
curriculum professionale, il	Berufslaufbahn
dà fastidio	stört, geht auf die Nerven
dal punto di vista	vom Standpunkt … aus
danneggiare	beschädigen
danno, il (i danni)	Schaden (Schäden)
dare un giudizio	Urteil abgeben
darsi una mossa	sich einen Ruck geben
data d'arrivo, la	Ankunftsdatum
data di partenza, la	Abfahrtsdatum
debiti, i *(plur.)*	Schulden
debole	schwach
dedicar(si) a	sich widmen
dedicarsi a un bambino	sich um ein Kind kümmern
degradazione, la	Verfall
delitto, il	Delikt, Verbrechen
delusione, la	Enttäuschung
deposizione, la	Zeugenaussage
design, il	Design
detto in parole molto semplici	einfach gesagt
di moda	modern, in Mode
di nascosto	heimlich
di successo	erfolgs-
dialetto, il	Dialekt
diario, il	Tagebuch
difendere (*part.* difeso)	verteidigen
difetto, il	Mangel, Fehler
differenza d'età, la	Altersunterschied
differenza, la	Unterschied
difficile da leggere	schwer lesbar
digeribile	(gut) verdaulich
dimagrire (sono dimagrito/a)	abnehmen (ich habe abgenommen)
diminuire	verringern, weniger werden
diminuzione, la	Verringerung, Rückgang
dipingere (*part.* dipinto)	malen (Bild)
disagio, il	Unbehagen
disco, il	Schallplatte
disegnare	zeichnen
disoccupazione, la	Arbeitslosigkeit
disse *(pass.rem)*	er/sie sagte
distruggere *(part. distrutto)*	zerstören
distruzione, la	Zerstörung
ditta, la	Firma
diventare importante	wichtig werden
diventare indipendente da qc	unabhängig werden von jmd.
diverso/a da	anders als
divertente	lustig, unterhaltsam
dividere in (*part.* diviso)	unterteilen in
divorziare da	sich scheiden lassen
divorzio, il	Scheidung
documentario, il	Dokumentation, Dokumentarfilm
doppiaggio, il	Synchronisation
dramma, il	Drama
drammatico/a	dramatisch
droga, la	Droge
dubbio, il	Zweifel
duomo, il	Dom
è necessario	es ist notwendig
è una fortuna	es ist ein Glück
economia, l' *(f.)*	Wirtschaft
edificio, l' *(m.)*	Gebäude
edizione, l' *(f.)*	Ausgabe, Auflage (von einem Buch)
educazione, l' *(f.)*	Erziehung
efficace	wirksam, effizient
elegante	elegant
elettrodomestici, gli *(m., plur)*	Elektrohaushaltsgeräte
eliminare	ausscheiden, entfernen
eliminazione, l' *(f.)*	Ausscheiden, Eliminierung
emancipazione, l' *(f.)*	Emanzipation
emozionare qualcuno	(emotional) bewegen
emozione, l' *(f.)*	Emotion, Erregung
ereditare	erben
ergastolo, l' *(m.)*	lebenslange Haft
eruzione, l' *(f.)*	Vulkanausbruch
esercitarsi	üben
esibirsi in pubblico	vor Publikum auftreten
esportazione, l' *(f.)*	Export
espressivo/a	ausdrucksvoll
espulsione, l' *(f.)*	Ausschluss, Verweis
essere (anti)conformista	(nicht) angepasst sein
essere autonomo/a	selbstständig sein
essere condannato/a a	verurteilt werden zu
essere curioso/a di fare	auf etwas neugierig sein
essere diverso/a da	anders sein als
essere in cerca d'aiuto	Hilfe suchend sein
essere incinta	schwanger sein
essere pronto (a fare)	bereit sein
essere responsabile di qc.	für etwas verantwortlich sein
essere soprappeso	übergewichtig sein
essere tossicodipendente	drogensüchtig sein
estivo/a	sommer-
etruschi, gli *(plur.)*	Etrusker
evitare (di fare qc)	vermeiden (etwas zu tun)
famiglia tradizionale, la	traditionelFamilie
famoso/a	berühmt
fare da mangiare	Essen zubereiten
fare dei lavoretti	Jobs machen
fare dei sacrifici	Opfer bringen, verzichten
fare il biglietto	Fahrkarte lösen
fare impressione a qualcuno	jmd. negativ beeindrucken, schockieren
fare la spesa	einkaufen
fare pulizia	putzen, aufräumen
fare una gara	wettkämpfen
fare una proposta	Vorschlag machen
fare una scelta	Auswahl treffen
fatica, la	Müdigkeit
fedele	treu
fedeltà, la	Treue
federalismo, il	Föderalismus
feriti, i	Verletzte
feroce	grausam
ferro, il	Eisen
ferrovia, la	Eisenbahn
festival, il	Festival
fidanzarsi	sich verloben
fidarsi di qualcuno	jmd. vertrauen
fiducia, la	Vertrauen
figlio unico, il	Einzelsohn
film avvincente, un	spannender Film
film commerciale, un	Kommerzfilm
film d'autore, un	Qualitätsfilm
film d'azione, un	Actionfilm
film di fantascienza, un	Sciencefictionfilm
film diretto da …, un	Film unter der Leitung von …
film è stato girato	Film ist … gedreht worden
film in versione originale, un	Film in Originalfassung
film muto, un	Stummfilm
film parla di	Film handelt von
film sentimentale, un	Liebesfilm
filmografia, la	Filmografie
firmare un accordo	Abkommen unterzeichnen
fiume, il	Fluss
flauto dolce, il	Blockflöte
fontana, la	Brunnen
formazione, la	Ausbildung
forte	laut, stark
frana, la	Erdrutsch
fratellastro/sorellastra, il/la	Halbbruder/Halbschwester
fratello minore/maggiore, il	kleiner/großer Bruder
frequentare un corso	Kurs besuchen
fresco/a	frisch
frontiera, la	Grenze
frullatore, il	Mixer für shakes
fu *(pass.rem.)*	er/sie war
fuga da casa, la	Flucht von zu Hause
fuga, la	Flucht
fuggire	fliehen, flüchten
funerale, il	Begräbnis
fuori moda (passato di moda)	aus der Mode
furto, il	Diebstahl
gara, la	Wettkampf (Wettlauf)
generazione, la	Generation
genuino/a	bekömmlich
giallo, il	Krimi
giocattolo (elettronico), il	(Elektronik) Spielzeug
gioia, la	Freude
gioiello, il	Juwel, Schmuck
girare un film	Film drehen
giudicare	beurteilen, urteilen
giudice, il/la	Richter/in
giudizio, il	Urteil
giuria, la	Jury
giusto/a	richtig, gerecht
gotico/a	gothisch
governo, il	Regierung
gravidanza, la	Schwangerschaft
guadagnare	verdienen (Geld)
guai, i *(plur.)*	Ärger
guerra mondiale, la	Weltkrieg
guida turistica, la	Fremdenführer/in
gusto, il	Geschmack
gustoso/a	geschmackvoll, lecker
imbarcazione, l' *(f.)*	Boot
imitazione, l' *(f.)*	Nachahmung, Imitation
immigrati, gli *(plur.)*	Einwanderer
immondizia, l' *(f.)*	Müll
impazzire per	verrückt sein nach
impresa, l' *(f.)*	Unternehmen
impressionante	beeindruckend
impressionare	beeindrucken
impressione, l' *(f.)*	Eindruck
imputato/a, l'	Angklagete/r
in bianco e nero	in schwarz weiss
in crisi	in einer Krise
in gamba	"auf zack"
in media	im Durchschnitt
incendio boschivo, l' *(m.)*	Waldbrand
incidente, l' *(m.)*	Unfall
incinta	schwanger
incomprensione, l' *(f.)*	Unverständnis
inconfondibile	unverwechselbar
incontro, l' *(m.)*	Begegnung, Treffen
indimenticabile	unvergesslich
industria, l' *(f.)*	Industrie
infilai *(pass.rem.)*	ich zog an
infrastruttura, l' *(f.)*	Infrastruktur
ingiusto/a	ungerecht
ingrassare	zunehmen (Gewicht)
iniziativa, l' *(f.)*	Initiative
inquadratura, l' *(f.)*	Einstellung, Ausschnitt
intendersi di qc.	sich mit etwas auskennen
interessarsi di	sich für etwas interessieren
interpretazione, l' *(f.)*	Darstellung, Interpretation
interprete, l' *(m., f.)*	Übersetzer/in
interruzione, l' *(f.)*	Unterbrechung
intimidire	einschüchtern
invecchiare	altern
invernale	winter-
investimento, l' *(m.)*	Investition
Italia Centrale, l' *(f.)*	Mittelitalien
Italia insulare (isole) , l' *(f.)*	italienische Inseln
itinerario, l' *(m.)*	Weg, Strecke
ladro, il	Dieb
lago, il	See
lamentarsi	jammern
lana, la	Wolle
lanciare un prodotto	Produkt auf den Markt bringen
lasciarsi	sich trennen
laurea, la	akademischer Abschluss
lavastoviglie, la	Geschirrspüler
lavatrice, la	Waschmaschine

legge, la	Gesetz
leggere (*part.* letto)	lesen
legno, il	Holz
lento/a	langsam
lettore/lettrice, il/la	Leser/in
libertà, la	Freiheit
libreria, la	Bücherregal, Bücherei, Buchhandlung
libretto di risparmi, il	Sparbuch
libro di fantascienza, il	Sciencefictionbuch
lingua, la	Sprache, Zunge
linguaggio cinematografico, il	Filmsprache
linguaggio, il	Sprache
lodare	loben, anerkennen
lotta (antimafia), la	Kampf gegen die Mafia
lungometraggio, il	Spielfilm
luoghi comuni su, i *(plur.)*	Gemeinplätze über
luogo di nascita, il	Geburtsort
luogo, il	Ort
lupo mannaro, il	Werwolf
macchina da presa, la	Filmkamera
macchina del caffè, la	Kaffeemaschine
maggiorenne	volljährig
malavita, la	Unterwelt
maltempo, il	Schlechtwetter
mammone, il	Muttersöhnchen
mancia, la	Trinkgeld
mandante (di una strage), il	Auftraggeber (für Massaker)
manifesto (pubblicitario), il	(Werbe) Plakat
marca, la	Marke
matrimonio, il	Hochzeit
maturità, la	Matura
maturo/a	reif
medievale	mittelalterlich
medioevo, il	Mittelalter
melanconico/a	melancholisch
melodia, la	Melodie
membro di una famiglia, il	Familienmitglied
membro, il	Mitglied
memorie, le	Erinnerungen
mercato (del falso), il	Markt für gefälschte Produkte
Meridione (Mezzogiorno), il	Süditalien
messa in scena, la	Regie, Inszenierung
messaggio, il	Mitteilung, Nachricht
metallo, il	Metall
mettere al mondo un bebé	Baby in die Welt setzen
mettere in ordine	Ordnung machen, aufräumen
mi recai *(pass.rem.)*	ich begab mich
miei, i (genitori)	meine Eltern
minaccia, la	Drohung
minacciare	bedrohen
ministro, il	Minister
mobili, i *(plur.)*	Möbel
moda, la	Mode
modello, il	Modell
moderno/a	modern
modo di vestirsi	Art sich anzuziehen
monastero, il	Kloster
monotono/a	eintönig
montaggio, il	Filmschnitt, Montage
monumento, il	Denkmal, Monument
morbido/a	weich
morire (*part.* morto)	sterben
morte, la	Tod
morti, i *(plur.)*	Tote
mostra, la	Ausstellung
mostrò *(pass.rem.)*	er/sie zeigte
motivo, il	Motiv
moto, la	Motorrad
motorino, il	Moped
movimento, il	Bewegung
moviola, la	Schnittpult
municipio (palazzo municipio), il	Rathaus
museo, il	Museum
musica, la	Musik
muto/a	stumm
narratore/narratrice, il/la	Erzähler/in
nascere (sono nato)	geboren werden (ich bin geboren)
nascondere (*part.* nascosto)	verstecken
nascondiglio, il	Versteck
naturale	natürlich
nave, la	Schiff
nido (asilo nido), il (l')	Nest (Kinderkrippe)
No, non ce l'ho.	Nein, ich habe keines.
noia, la	Langeweile
noioso/a	langweilig
non ce la faccio	ich schaff es nicht
novecento, il	20. Jahrhundert
novella, la	Novelle
nucleo familiare, il	Kernfamilie
obbligo scolastico, l' *(m.)*	Schulpflicht
occuparsi di qc.	sich um etwas kümmern
occupazione, l' *(f.)*	Beschäftigung
offerta di lavoro, l' *(f.)*	Stellenangebot
offerta, l' *(f.)*	Angebot
omertà, l' *(f.)*	Ehrenkodex der Mafia: Schweigepflicht
omicidio, l' *(m.)*	Mord
omonimo/a	gleichnamig
onore, l' *(m.)*	Ehre
opera (maggiore), l' *(f.)*	Hauptwerk
opera d'arte, l' *(f.)*	Kunstwerk
opera lirica, l' *(f.)*	Oper
operatore turistico, l' *(m.)*	Reiseveranstalter
operatore, l' *(m.)*	Kameramann
ordine, l' *(m.)*	Auftrag
organizzazione, l' *(f.)*	Organisation
oro, l' *(m.)*	Gold
ospitare	beherbergen, zu Gast haben
ostello della gioventù, l' *(m.)*	Jugendherberge
ottone, l' *(m.)*	Messing
pacchetto vacanze, il	"Urlaubspaket"
padrino, il	Pate

paesaggio, il	Landschaft
paese confinante, il	angrenzendes Land
paese, il	Land
pagare l'affitto	Miete zahlen
pagare una penitenza	Strafe zahlen, büßen
paragonare	vergleichen
parchi nazionali, i	Nationalparks
parità di diritti, la	Gleichberechtigung
parità di trattamento, la	Gleichbehandlung
parole, le	Wörter, Worte
partecipare a qc.	an etwas teilnehmen
partito politico, il	politiche Partei
passaporto, il	Reisepass
passare una settimana	eine Woche verbringen
passeggero, il	Reisender, Passagier
passione, la	Leidenschaft
patente, la	Führerschein
patrimonio artistico, il	Kulturgut, kulturelles Erbe
paura, la	Angst
pauroso/a	ängstlich
pelle, la	Leder, Haut
pellicola, la	Film(streifen)
pena (di morte), la	(Todes) Strafe
pendolare, il/la	Pendler/in
pentito, il	"Reuiger"
per colpa della mafia	aus Schuld der Mafia
pericolo, il	Gefahr
pericoloso/a	gefährlich
periodo, il	Zeit, Periode
permissivo/a	freizügig, nicht streng
pernottare	übernachten
personaggio, il	Figur (aus Literatur, Theater)
personalità, la	Persönlichkeit
pesare 60 chili	60 kg wiegen
piacere di leggere, il	Freude zu lesen
pianoforte, il	Klavier
pista ciclabile, la	Radpiste
pittore/pittrice, il/la	Maler/in
pittura, la	Malerei
plastica, la	Plastik
poesia, la	Gedicht, Poesie
poeta, il/la	Poet/in
polemico/a	polemisch
politica, la	Politik
(uomo) politico, l'	Politiker
poliziesco	polizei-
popolazione, la	Bevölkerung
potente	mächtig
potersi permettere *(di + inf)*	sich erlauben können zu
povero/a	arm
povertà, la	Armut
praticare sport	Sport betreiben
pregio, il	Vorzug
pregiudizio, il	Vorurteil
premiazione, la	Premierung, Auszeichnung
premio letterario, il	Literaturpreis
premio, il	Preis
prendere 1000 € al mese	1000 € im Monat verdienen
prendere la patente	Führerschein machen
prenotare un posto	Platz reservieren
prenotare	reservieren
prenotazione, la	Reservierung
presa diretta, la	Direkte (Filmaufnahme)
presa totale, la	Totale (Filmaufnahme)
presidente, il/la	Präsident/in
prezioso/a	wertvoll
primaverile	frühlinghaft
Primo Ministro, il	Premierminister ("Bundeskanzler")
processo, il	Prozess
prodotto firmato, il	Markenartikel
prodotto, il	Produkt
produttore, il	Produzent
produttrice, la	Produzentin
produzione, la	Produktion
professione, la	Beruf
profugo, il	Flüchtling
profumo, il	Parfüm
progetto, il	Projekt
programma politico, il	politisches Programm
programma scolastico, il	Lehrplan
programma, il	Programm
proiezione, la	(Film) Vorführung
proporre (*part.* proposto)	vorschlagen
proposta, la	Vorschlag
prospettiva, la	Perspektive
protagonista, il/la	Hauptperson
proteggere (*part.* protetto) da	(be)schützen vor
protettivo/a	schutz-
prova di coraggio	Mutprobe
pubblicità, la	Werbung
pubblico, il	Pubblikum
quadro, il	Bild
quartiere, il	Viertel (Gegend)
quattrocento, il	15. Jahrhundert
questionario, il	Fragebogen
questione della lingua, la	Problematik der (ital.) Sprache
rabbia, la	Wut
raccogliersi (*part.* raccolto)	sich sammeln
raccolta differenziata, la	Mülltrennung
raccolta, la	Sammlung
racconta la storia di	erzählt die Geschichte von
raffinato/a	raffiniert, auserläsen
ragazza alla pari, la	Au pair Mädchen
rame, il	Kupfer
rapporto sessuale, il	sexuelle Beziehung
rapporto, il	Beziehung
rappresentanti (politici), i *(plur.)*	(politische) Vertreter
realizzare	verwirklichen
realizzarsi	sich verwirklichen
recapito, il	Zustelladresse
recensione, la	Rezension, Kritik

recitare in un film	in einem Film spielen
recitare la parte di Romeo	den Romeo spielen
reclamo, il	Reklamation
regia, la	Regie
regista, il/la	Regisseur/in
regolare	regelmäßig, gleichmäßig
rendersi conto che (*part.* reso)	merken, dass …
resistere (*part.* resistito)	widerstehen
responsabilità, la	Verantwortung
riassunto, il	Zusammenfassung
ricarica del cellulare, la	Aufladegebühr des handy
ricchezza, la	Reichtum
ricco di	reich an
ricco/a	reich
richiesta d'asilo, la	Asylantrag
riciclaggio, il	Recycling
riduzione per turisti, la	Turistenvergünstigung
rifiuti, i	Abfälle
riflettere su (*part.* riflettuto)	nachdenken über
riforma, la	Reform
rifugiarsi	sich (wohin) flüchten
rilassarsi	sich entspannen
rima, la	Reim
rinascimentale	renaissance-
Rinascimento, il	Renaissance
rinunciare a	verzichten auf
ripresa al rallentatore, la	Zeitlupe
ripresa all'acceleratore, la	Zeitraffer
rischio, il	Risiko
risolvere (*part.* risolto) un problema	Problem lösen
risparmiare	sparen
risparmio, il	Ersparnis
rispettare	respektieren
rispose (*pass.rem.*)	er/sie antwortete
risposi (*pass.rem.*)	ich antwortete
ritirare soldi	Geld abheben
rivolgersi a qualcuno (*part.* rivolto)	sich an jmd. wenden
rivoluzionario/a	revolutionär
robusto/a	stabil, kräftig
romani, i (*plur.*)	Römer
romanzo rosa, il	Liebesroman
romanzo, il	Roman
ruderi, i (*plur.*)	Ruinen
ruolo, il	Rolle
sala, la	Saal
Salisburghese, il	Salzburgerland
saltare in aria	explodieren
salvare	retten
sano/a	gesund, heil
sapere a memoria	auswendig können
sapore, il	Geschmack
sassofono, il	Saxophon
sbagliare	irren
scambio reciproco, lo	Austausch
scambio tra, lo	Austausch zwischen
scandalo, lo	Skandal
scappare	entwischen
scavi, gli (*plur.*)	Ausgrabungen
scegliere (*part.* scelto)	auswählen
scelta, la	Auswahl
scena all'acceleratore, la	Szene im Zeitraffer
scena, la	Szene
sceneggiatura, la	Drehbuch
schermo, lo	Bildschirm
sconosciuto/a	unbekannt
scoprire (*part.* scoperto)	entdecken
scrittore/scrittrice, lo/la	Schriftsteller/in
scrivere	schreiben
scultore/scultrice, lo/la	Bildhauer/in
scultura, la	Skulptur
secolo, il	Jahrhundert
sedurre (*part.* sedotto)	verführen
seduzione, la	Verführung
segreto, il	Geheimnis
seicento, il	17. Jahrhundert
sensibilizzare a	empfänglich machen für
sentenza, la	Urteil (Gerichtsurteil)
sentii (*pass.rem.*)	ich hörte
sentimento, il	Gefühl
senza dubbio	ohne Zweifel
separarsi	sich trennen
sequenza, la	Sequenz, Abfolge
sequestro, il	Entführung
serata, la	Abend
servizio civile volontario, il	Zivildienst
servizio, il	Dienst
Settentrione, il	Norditalien
(s)fottersene	"drauf scheißen"
sgridare	zusammenschimpfen
siccità, la	Trockenheit
sicuro di sè	selbstsicher
simile	ähnlich
sincronizzazione, la	Synchronisation
sindaco/a, il/la	Bürgermeister/in
situazione economica, la	Wirtschaftslage
slogan (pubblicitario), lo	(Werbe) Slogan
soddisfare (essere soddisfatto/a)	zufriedenstellen (zufrieden sein)
soggetto, il	Thema, Subjekt
soggiorno all'estero, il	Auslandsaufenthalt
sognare di fare qc	träumen, etwas zu tun
soldi, i	Geld
solidarietà, la	Solidarität
solitudine, la	Einsamkeit
somiglianza, la	Ähnlichkeit
somigliare a qualcuno	jmd. ähnlich sehen
sondaggio, il	Umfrage
sorpresa, la	Überraschung
sottotitoli, i	Untertitel
spedizione, la	Lieferung
spendere (*part.* speso)	(Geld) ausgeben
spese (quotidiane), le(*plur.*)	tägl. Ausgaben
spettacolo, lo	Vorstellung
spettatori, gli (*plur.*)	Zuschauer
sposarsi	heiraten
star, la	Star
stare male	sich schlecht fühlen
Stato, lo	Staat
stereotipi, gli (*plur.*)	Stereotypen
stilare	aufsetzen (schriftl.)
stile liberty, lo	Jugendstil
stile, lo	Stil
stimolante	anregend
stipendio (alto/basso), lo	(hohes/niedriges) Gehalt
Stiria, la	Steiermark
storia dell'arte, la	Kunstgeschichte
storia è ambientata a…, la	Geschichte spielt in …
strage, la	Blutbad, Massaker
straordinario/a	außergewöhnlich
stravagante	extravagant
successo, il	Erfolg
suonare uno strumento	Instrument spielen
superare la timidezza	Schüchternheit überwinden
superficie, la	Fläche
svantaggio, lo	Nachteil
svegliò (*pass.rem.*)	er/sie weckte
sviluppo dell'italiano, lo	Entwicklung des Italienischen
sviluppo personale, lo	Persönlichkeitsentwicklung
sviluppo, lo	Entwicklung
tacere(*part.* taciuto)	schweigen
taglio, il	Schnitt
talento, il	Talent
tasse, le (*plur.*)	Steuern
tasso di natalità alto/basso	hohe/niedrige Geburtenrate
tema, il	Aufsatz, Thema
tempo perso, il	verlorene Zeit
terremoto, il	Erdbeben
tesoro, il	Schatz
testamento, il	Testament
testimone, il	Zeuge
testo, il	Text
thriller, il	Thriller
tirò (*pass.rem.*)	er/sie zog
Tirolo, il	Tirol
tollerante	tolerant
tolsi (*pass.rem.*)	ich zog aus (Gewand)
tornare al lavoro	wieder arbeiten, zur Arbeit zurückkehren
torrente, il	Wildbach
traccia, la	Spur
tradire (segreto)	(Geheimnis) verraten
tradizionale	traditionell, herkömmlich
tradurre (*part.* tradotto)	übersetzen
traduttore, il	Übersetzer
traduzione, la	Übersetzung
trafficante, il	Händler
traffico di droghe, il	Drogenhandel
tragedia, la	Tragödie
trama, la	Handlung
trasmettere (*part.* trasmesso)	übermitteln, senden
trasmissione, la	Sendung (Fernseh- , Radiosendung)
tribunale, il	Gericht
triste	traurig
trovare posto	Platz finden
trovarsi bene/male	sich irgendwo gut/schlecht fühlen
trovò (*pass.rem.*)	er/sie fand
Tu ce l'hai, un conto in banca?	Hast du ein Bankkonto?
turismo, il	Turismus
uccidere	umbringen
utile	nützlich
valanga, la	Lawine
valore, il	Wert
vantaggio, il	Vorteil
vegetazione, la	Vegetation
vendetta, la	Rache
vendita (promozionale), la	(Aktions) Verkauf
ventesimo secolo, il	20. Jahrhundert
versalità, la	Vielseitigkeit
verso, il	Vers
vestirsi bene	sich gut kleiden
vetro, il	Glas
viaggiare	reisen
viaggio in treno, il	Zugreise
videoproiettore, il	"Videobeamer"
Vienna	Wien
vincere (*part.* vinto)	siegen, gewinnen
vincitore, il	Gewinner
vincitrice, la	Gewinnerin
vino, il	Wein
violare	verletzen, vergewaltigen
violento/a	gewalttätig, stark
violenza (fisica), la	(physische) Gewalt
violino, il	Geige
visione, la	Vorführung, Sehen
visita guidata, la	sight seeing tour
vittima, la	Opfer
vivace	lebhaft
voce, la	Stimme
volere bene a qc	jmd. gern haben
volontariato, il	Volontariat
volto, il	Gesicht
Vorarlberg, il	Vorarlberg
voto, il	Note, Votum
vulcano, il	Vulkan